De Terre-Neuve
à la Terre de Feu

Chère Manon,

Dans l'espoir que ce livre dit un aussi grand succès que votre merveilleuse boutique.

Chère Anaïs,

Que le voyage de la vie te mène vers les plus hauts sommets. Tu as tout pour réussir, trace ta voie et profite de chaque instant.

« Le plus grand voyageur
est celui qui a su faire une fois
le tour de lui-même. »

CONFUCIUS

Aux voyages, ma petite « drogue », qui me font voir la vie en couleurs
et aux trois femmes de ma vie, Lisette, « Memine » et Virginie,
mes inspirations au quotidien.

Les calepins des aventuriers

Récit de voyage

De Terre-Neuve à la Terre de Feu

Les aventures d'un globe-trotter dans les trois Amériques

Jadrino Huot

Bertrand
DUMONT
éditeur

Catalogage avant publication de Bibliothèque et Archives nationales du Québec et Bibliothèque et Archives Canada

Huot, Jadrino, 1970-

De Terre-Neuve à la Terre de Feu : les aventures d'un globe-trotter dans les trois Amériques

(Les calepins des aventuriers)

ISBN 978-2-923382-38-8

1. Huot, Jadrino, 1970-   - Voyages - Amérique. 2. Amérique - Descriptions et voyages. I. Titre. II. Collection: Calepins des aventuriers.

E27.5.H86 2010   917.04'54   C2010-940123-9

Remerciements

À tous ceux et celles, parents et amis, qui ont partagé mes péripéties au fil des ans et qui m'ont poussé à réaliser mes nombreux rêves, petits et grands, fantasmagoriques ou non, je vous dis: «*Bande de cerveaux fêlés !*» Je vous dis aussi «Merci beaucoup – *Thank you very much* – *Muchas gracias*», particulièrement pour ce livre: Sophie Boisvert, Louis-Philippe Brûlé, Caliméro, Sébastien Doucet, Jean-Marc Dufresne, Jacques Filippi, F. Jean Morel, Virginie Morel, Rafa Muñoz Sevilla, Robert St-Onge, Tintin, Tupi le tapir et Hervé Turgeon.

Merci aussi à Bertrand Dumont pour sa confiance manifestée dès le départ face à ce projet et pour ses judicieux conseils tout au long de cette aventure.

Photo de la page couverture : Lama devant les ruines du Machu Picchu au Pérou

Bertrand Dumont éditeur inc.
C.P. n° 62, Boucherville
(Québec) J4B 5E6
Tél. : 450 645-1985. Téléc. : 450 645-1912.
(*www.dumont-editeur.com*)
(*www.calepins-aventuriers.com*)

Éditeur : Bertrand Dumont
Révision : Raymond Deland
Conception de la mise en pages : Norman Dupuis,
Infographie : Horti Média
Photographies : Jadrino Huot
Calibrage des photos : Langis Clavet
Illustrations : Sébastien Gagnon
© Bertrand Dumont éditeur inc., 2010
Dépôt légal – Bibliothèque et Archives nationales du Québec, 2010
Bibliothèque et Archives Canada, 2010
ISBN 978-2-923382-38-8
Imprimé au Canada sur papier 100 % recyclé

L'éditeur remercie :

• la Société de développement des entreprises culturelles (SODEC) du Québec pour son programme d'aide à l'édition et à la promotion ;

• Gouvernement du Québec – Programme de crédit d'impôt pour l'édition de livres – gestion SODEC.

Société de développement des entreprises culturelles
Québec 🔲🔲

Nous reconnaissons l'aide financière du gouvernement du Canada par l'entremise du Programme d'aide au développement de l'industrie de l'édition (PADIÉ) pour nos activités d'édition.

Patrimoine canadien   Canadian Heritage

TABLE DES MATIÈRES

Avant-propos

Les récits racontés dans ce livre sont tous basés sur des faits vécus... bien que caricaturaux, un « tantinet » exagérés, et mêlés à une « touche » de fiction. Seuls les noms des personnages ont été modifiés puisque personne ne veut s'associer au mien!

Le capitaine Jadrino et son équipage aimeraient vous rappeler qu'une sortie de secours se situe à l'arrière du bouquin, que des masques à oxygène s'éjecteront du plafond au cas où vous vous étoufferiez de rire et que d'anciens petits sacs à popcorn sont placés dans la pochette du siège devant vous. Au nom de toute l'équipe, je vous remercie d'avoir choisi *Jadrino Airways* et je vous souhaite une bonne lecture!

Prologue

Il était une fois, dans l'arrière-pays d'une contrée lointaine appelée le Canada, un garçon prénommé Jadrino. Dès son jeune âge, il fut adopté par une famille d'ours mal léchés venus acheter du poisson avarié chez l'épicier de son village natal. Comme la circulaire indiquait que l'on obtenait un bébé avec tout achat de dix kilos ou plus de morue, il n'eut d'autre choix que d'aller se terrer dans une tanière durant toute son enfance.

Oh! il n'avait pas beaucoup d'amis. Il y avait bien Tupi le tapir qui venait parfois brouter une fougère avec lui. Il y avait aussi un okapi surnommé Plaîtil, car personne n'avait la moindre idée de ce qu'était un okapi, à part une musaraigne congolaise immigrée dans la région pour éviter le sort des braconniers. Sans oublier Bisoune le bison, lui qui ne pouvait passer hélas! que sa tête par la mince ouverture d'entrée de la grotte.

Un jour, Jadrino vit son corps se transformer. Ses bras étaient rendus trop longs, sa voix ressemblait à celle de Janis Joplin après une soirée bien arrosée au *Southern Comfort* et il devenait aussi poilu que Bisoune! Alors qu'il s'affairait à poncer une couleuvre pour son bal de fin d'été, Maman Ourse entra en trombe dans son studio éclairé d'un seul flambeau volé au Wal-Mart de la localité voisine:

«*Jadrino. Tu dois quitter notre grotte dès ce soir pour le Vieux Incontinent car la saison de la chasse à l'ado commence dès l'aube. Et pouvez-vous bien me dire qui a mangé mon gruau? Est-ce encore ce foutu corbeau qui tente de rattraper le lapin dans son carrosse en forme de citrouille?*» (Maman Ourse n'était pas très éduquée, dormant tout l'hiver plutôt que d'aller à l'école, et elle avait cette vilaine habitude de mêler tous les contes).

Je partis donc sur un radeau avec Tupi, Papa ayant mangé Plaîtil et Bisoune, pour la traversée de l'Atlantique avec comme seul bagage un petit baluchon. Ma vie de bohème ne faisait que commencer...

❋

J'avais 12 ans... Mes parents m'avaient en effet envoyé en Europe avec un groupe de l'école pour visiter cinq pays du Vieux Continent. J'étais trop jeune pour apprécier toute cette histoire, tous ces monuments grandioses et tous ces... fromages! Mais j'étais conscient que, ailleurs, il y avait quelque chose de différent.

Neuf ans plus tard, armé d'un sac à dos rapiécé et de quelques boutons d'acné de plus au visage, je reprenais la même direction. Je poussai même l'audace jusqu'en Europe de l'Est, elle qui venait de défoncer le mur qui séparait le salon de l'arrière-boutique. Et je pouvais maintenant déguster tous ces fromages et boire du bon vin, quitte à en développer une cirrhose!

Depuis, je parcours le monde à la recherche de nouvelles aventures axées sur la nature et le plein air hors des sentiers battus. Connaître les us et coutumes des peuples, grimper les plus hautes montagnes, emprunter des routes qui ne figurent même pas sur les cartes... Ça doit être pour cela que mes amis me surnomment affectueusement *Indiana Jad*!

Aujourd'hui, je continue de passer mes journées la tête dans les nuages tout en gardant les pieds bien ancrés sur terre. Du moins jusqu'au prochain périple, même *Batheure*, même *Batchaîne*...

Jadrino Huot

L'AMÉRIQUE DU NORD

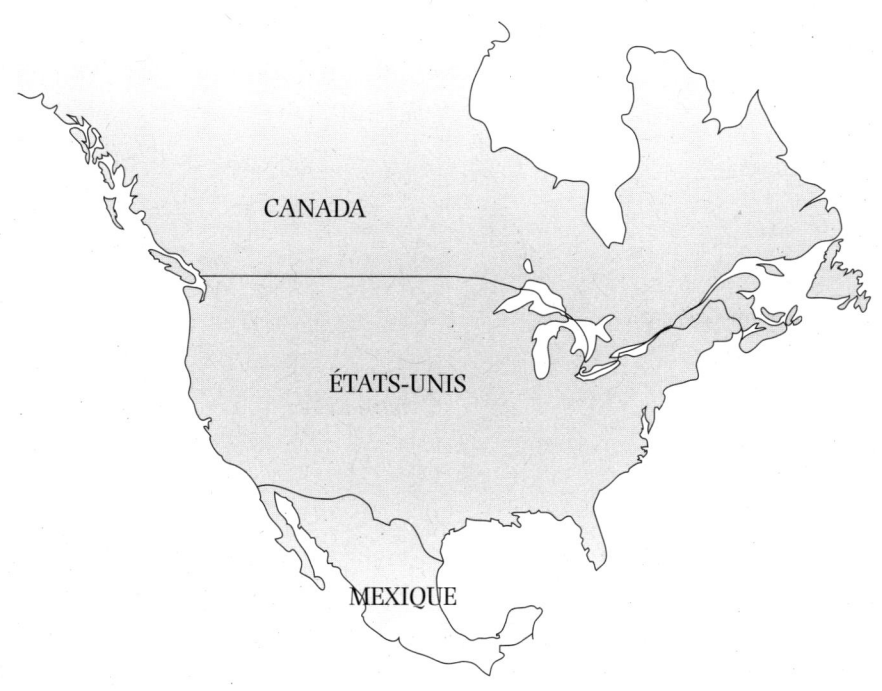

TERRE-NEUVE

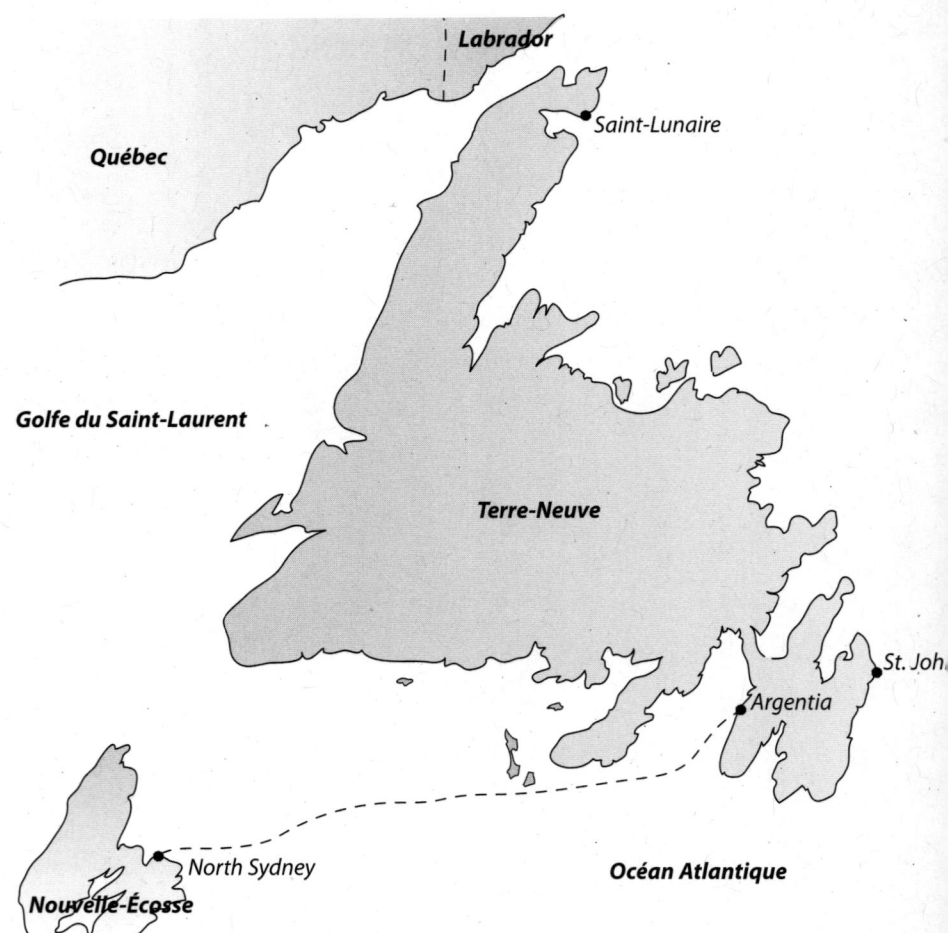

Labrador

Saint-Lunaire

Québec

Golfe du Saint-Laurent

Terre-Neuve

St. Joh

Argentia

North Sydney

Océan Atlantique

Nouvelle-Écosse

CANADA

Terre-Neuve : l'autre planète

OUF! JE POSE FINALEMENT PIED sur l'île de Terre-Neuve, le point le plus à l'est de toute l'Amérique du Nord. La traversée en navire du golfe du Saint-Laurent en partance de la province voisine, la Nouvelle-Écosse, s'était allongée sur pas moins de dix-sept heures. Une violente tempête avait brutalement fait valser le bateau durant tout le trajet, me donnant des allures de *Kermit* la grenouille. La mer était tellement agitée que, par moments, je ne pouvais bouger de mon siège, même pour aller aux toilettes. Les membres de l'équipage, dont les visages verdâtres se confondaient à leurs uniformes démodés en polyester, se tenaient à tout ce qu'ils pouvaient bien agripper au passage.

Le temps de prendre une grande bouffée d'air frais mélangé à une odeur de poisson putréfié et de remplir une poubelle ou deux traînant sur le quai du port d'Argentia, je peux maintenant affirmer tout haut :

– « *Burp! Euh! pardon... Mission accomplie!* »

À peine ma carte routière dépliée, je me rends compte que je suis bel et bien dans un autre monde, ne serait-ce que par les noms curieux donnés aux villages : Come-by-Chance, Deadman's Cove, Indian Tickle, Trepassey et, mon préféré, Saint-Lunaire!

❆

Aux abords de l'une des rares routes de l'île, les paysages rocheux tracent l'horizon à perte de vue, aussi frappants que les vagues de l'océan qui viennent éclabousser les falaises ocre. Aussi rares que les véhicules croisés sur ces chemins déserts. Les conducteurs s'approchent lennnnnnntement, à pas d'escargots enrhumés, comme s'ils avaient vu une bande d'extraterrestres.

L'occasion est donc rêvée pour enfin utiliser ce vieux fard à joues glauque que l'une de mes ex-copines avait laissé depuis des lustres dans le coffre à gants de mon automobile. Je me félicite aussi d'avoir piqué cet uniforme d'officier sur le paquebot. Je m'enduis le visage et les cheveux de maquillage, tout en changeant à la sauvette mes vêtements. Je sors vitement du véhicule pour converser avec l'étranger tout en brandissant les bras de gauche à droite au-dessus de ma tête :

– «*Tuewa Bizuunea Uewa Œemii Oawoolea?*» (Peux-tu réparer ma soucoupe volante ?)

Le vieux pêcheur blêmit d'un seul trait et part à courir, laissant tomber son petit chapeau rempli d'hameçons et abandonnant dans un fossé sa voiture bosselée encore en marche. Pfffff! Je me demande ce qui l'a fait déguerpir de la sorte : mon accent galactique qui n'est pas à point ou le fait que, dans ma hâte, j'aie oublié de remettre mon pantalon ? M'enfin… Encore une chance que je ne lui ai pas dit :

– «*Gimmee Yie Owele Owele Iasaabii!*» (Prête-moi ta femme pour que je la baise dans ma chambre noire !)

Je reprends la route et c'est à mon tour d'avoir des visions extraterrestres. J'entre dans un village où nous accueille un grand entrepôt en tôle. Je m'approche pour lire l'affiche : «usine de transformation de poisson». Je patiente à l'extérieur tout en chassant les mouettes qui s'attaquent à mon sandwich au thon et à mes crudités. Je regarde ma montre : 16 h. Un sifflet tonitruant retentit et je passe bien près de m'étouffer avec une branche de céleri!

Une porte métallique grinçante s'ouvre devant moi. Qu'est-ce qui m'attend ? Un serpent de mer monstre, cousin de Jörmungand, qui viendra danser une *macarena* en tutu ? Un calmar géant mutant qui viendra me gifler de toutes ses pattes ? Non, rien de tout cela. Plutôt une mer de travailleuses édentées en sarraus blancs tachetés de sang qui sortent à la queue leu leu de la manufacture, un bonnet de douche enfoncé sur la tête jusqu'aux sourcils. À mon tour d'avoir quelque peu la trouille. Qu'arriverait-il si elles me disaient :

– «*Watasee Œmii Ttissi Maïlli Oun Heinssi?*» (Mangeons-nous ton corps avec de la moutarde ou du ketchup?)

Vite! Fuyons avant que ces E.T. des temps modernes ne me kidnappent et ne m'amènent à trois millions d'années-lumière de la Terre!

❀

Je roule, roule et roule, la pédale d'accélérateur toujours à fond, ne remarquant pas que le réservoir d'essence est vide. Tellement vide que l'aiguille orangée de l'indicateur a même dépassé le «E» sur le cadran (il doit être rendu sur le rétroviseur extérieur gauche quelque part entre «C» et «D»).

Je marche, marche et marche, traînant mes pieds sur ce chemin poussiéreux que le vent souffle dans mes yeux, ne remarquant pas que mon propre réservoir de «liquide» est à sec. J'ai tellement soif que je me mets à voir des mirages de filles sexy en bikini qui me tendent les bras, le sourire aux lèvres et un seau de bières glacées dans les mains.

Paf! Je sors vite de mon hallucination quand un bruit aigu de klaxon me fait sursauter. Pas de filles sexy à l'horizon, plutôt un monsieur rabougri flottant dans sa chemise à carreaux et sa salopette souillée d'huile qui descend de son véhicule tout-terrain. Heureusement, il n'a pas de bonnet de douche bizarre sur la tête. Il a tout de même un drôle de casque qui semble avoir été découpé dans une boule de quille. Une voix à l'accent bizarre sort de sa bouche:

– «*Neeeide a liiif' ya' boy?*»

Euh!... Pouvez-vous répéter la question? Je finis par comprendre l'individu aux allures de nappe de bistro extirpée d'un garage qui s'efforce de faire des simagrées tout en répétant à voix haute:

– «*NEEEEEIDE A LIIIIIIF' YAAA' BOYYYY?*»

Ah! Vous m'offrez d'embarquer sur votre engin jusqu'au prochain village? J'accepte!

– «*Yessse, Aïl vill gogh avec yiou!*»

Je m'assois sur le support arrière du véhicule, lui qui est rempli de traces de fumier bien frais. Le véhicule part en trombe, me projetant face première contre le sol. Je me relève péniblement, me secouant un peu pour enlever toute cette saleté sur mes vêtements. Un peu craintif, je reprends place sur le siège de fortune en m'agrippant cette fois solidement au cadre de cette « machine du diable ». Vrrrrrrroum ! Nous voilà repartis !

Nous filons à grande vitesse sur un chemin cahoteux en nappant le ciel d'une fumée noire toute crasseuse. Les trous et bosses ne font rien pour améliorer mon confort déjà rudimentaire. Je bondis de haut en bas sans arrêt, étant d'ailleurs plus souvent dans les airs que sur ma selle. Bing, boum, paf, bi-bing, boum, po-po-po-powww !

Nous semblons enfin arriver dans un village, du moins si nous pouvons appeler quelques cabanes de bois défraîchies par le sel marin un village. Je descends de ma monture et je me sens tout tremblotant, comme si j'avais tenu un marteau-piqueur pendant des heures. Mes testicules ont à peine le temps de redescendre de ma gorge pour reprendre leur position naturelle que mon bon samaritain me crie aux oreilles :

– « *Heeeeeeere weeeee arrre ya' boyyyyy ?* »

Nous sommes arrivés ? Je ne vois pourtant rien qui ressemble à une station-service dans les alentours, juste une baraque crochue avec une affiche qui ne tient qu'à un fil. Je m'approche pour la lire : Magasin général *Ya' Boy* ! Entrons voir…

Un véritable capharnaüm ! Des poches de patates empilées jusqu'au plafond côtoyant des bottes de caoutchouc. Ici un support rempli de soutiens-gorge beiges empestant la boule à mites. Là une pile de journaux jaunis annonçant le début de la Deuxième Guerre mondiale. Et, fallait s'en douter, un comptoir plein à craquer de… bonnets de douche !

Je m'approche d'un autre comptoir où une vieille dame empoussiérée se tient somnolente derrière une caisse enregistreuse à bouliers :

– « *Exkiouse-moi, vère canne aïl finne a-gasse ?* »

La mémé ne bouge pas d'une semelle, semblant être figée dans un énorme bocal de formol aux côtés d'un titanosaure. J'élève la voix :

– « *EXKIOUSE-MOI, VÈRE CANNE AÏL FINNE A-GASSE ?* »

Le fossile se réveille en sursaut et empoigne un fusil à baïonnette qui semble avoir été emprunté au musée de la guerre de Sécession. Elle se met à crier à tue-tête :

– « *The Nazis are back! The Nazis are back! Quick, pick up a gun ya' boy and come hide in my shelter.* » (Les nazis sont de retour ! Les nazis sont de retour ! Vite, prends un fusil garçon et viens te cacher dans mon abri.)

Elle ouvre dans le plancher une porte en bois moisi et me pousse vigoureusement dans l'escalier auquel il manque la moitié des marches. Je déboule plusieurs mètres dans une cave d'une humidité indescriptible. Je gratte une allumette... Un véritable capharnaüm ! Des conserves de sardines empilées jusqu'au plafond côtoyant des manteaux de camouflage. Ici un support rempli de masques à gaz empestant le peroxyde d'hydrogène. Là une pile de cartes jaunies indiquant les tunnels sous-marins des environs. Et, fallait s'en douter, un comptoir plein à craquer de... bonnets de douche !

Puis, snif !, snif !, cette odeur de brûlé... Y-y-y-ouuuuuch ! Ce sont mes doigts qui sont en train de passer au feu au bout de l'allumette ! J'en gratte une autre et je vois dans un coin, sous une couverture trouée par les mites, un vieux siège avant de Citroën C4F. Aussi bien m'asseoir en attendant la fin des hostilités.

Enfin ! La porte s'ouvre de nouveau. Martha Fizzard (c'est son nom, du moins si je me fie aux étiquettes collées sur les magazines *Vogue* en noir et blanc trouvés sous le pare-soleil de la Citroën) descend avec une torche. Elle porte maintenant un casque d'armée entouré de filets et de rameaux.

– « *Well ya' boy, I certainly killed that Hitler this time; hit him right between the cheeks! If the bastard's not dead, at least he'll be walking funny for quite a while!* » (Eh bien, garçon, j'ai assurément tué ce Hitler cette fois-ci, car je l'ai atteint en plein milieu des deux fesses ! Si ce salaud n'est pas mort, il va à tout le moins marcher d'une drôle de façon pour un bon bout de temps !)

Après s'être bidonnée pendant de longues minutes d'un rire qui rappelle un cochon grippé qu'on est en train d'égorger, ma nouvelle amie, qui préfère qu'on l'appelle *Fizzy*, ce que je trouve très à propos vu les odeurs qu'elle dégage, remonte avec moi au rez-de-chaussée en agitant fièrement un drapeau britannique :

– « *Exkiouse-moi Miss Fuzzy botte doux yiou hâv gasse ?* »

– « *Certainly do ya' boy. Do you want to hear and smell another one ?* » (Pour sûr, garçon. Tu veux en entendre et en sentir un autre ?)

– « *Nono, tank yiou. Aïl vas parling abbott gasse tout poutine carr.* »

– « *Certainly do ya' boy, follow me !* » (Pour sûr garçon, suis-moi !)

J'hésite un peu, ne sachant trop vers où elle pourrait m'amener cette fois. Comme j'ai vraiment besoin d'essence, je prends mon courage à deux mains et je me risque. Nous empruntons une espèce de labyrinthe dont les murs sont formés de caisses de bouteilles de bière vides jusqu'à l'arrière-boutique. *Fizzy* me demande de l'aider à pousser une lourde porte blindée. Oh hisse, oooooh hisse…

Une lumière aveuglante transperce la pièce. Après que mes yeux eurent clignoté pendant quelques secondes, je vois deux femmes debout derrière une longue table. Elles ont des ceintures de grenades et de balles d'AK-47 accrochées aux épaules et elles sont coiffées de… bonnets de douche ! L'une, le visage blanchi, roule avec vigueur une pâte tandis que l'autre, les mains maculées d'un liquide rouge vif, mélange des ingrédients dans un bol. Incroyable, je suis dans une fabrique de… tartes !

Fizzy gesticule jusqu'à ce que l'une des Tartempions s'approche de moi :

– « *You need gas ya' boy ?* » (Tu as besoin d'essence garçon ?)

– « *Yessse, gasse… tout poutine carr !* », croyant important de préciser la définition de ce mot dans ce coin du monde.

Elle se dirige vers un énorme frigo industriel aux portes givrées. À l'intérieur, un véritable capharnaüm ! Des pots de foies de morue empilés jusqu'au plafond côtoyant des gants de vaisselle. Ici un support rempli de rondelles de calmars géants empestant la panure gâtée. Là une pile de livres de recettes jaunis sur l'art de bien préparer le mammouth au barbecue. Et, fallait s'en douter, un comptoir plein à craquer de… gaz !

Je repars du magasin le cœur joyeux avec mon bidon d'essence et une tarte aux *partridgeberries* (airelles) que m'a donnée Martha, elle qui me salue du balcon en me criant:

— «*Well ya' boy, have a safe trip! And if you see that Hitler, tell him that if he ever comes back here, it won't be a bullet that I'll snap him between the cheeks!*» (Eh bien garçon, bonne route! Et si tu vois ce Hitler, dis-lui que s'il revient ici, ce ne sera pas une balle que je vais lui entrer entre les deux fesses!)

❊

Il se fait tard, je suis claqué. J'ai maintenant de l'essence, mais pas de motel pour la nuit. Grâce à la faible lueur d'une demi-lune et de mes phares, je trouve un pic rocheux où lancer ma tente près d'une anse qui aurait bien pu être l'inspiration d'Hergé comme toile de fond à *L'Île Noire* de Tintin. Je m'endors rapidement aux sons de ouaouarons qui semblent coasser «*I'm a frog, you're a frog, kiss me!*».

À peine revenu des toilettes en plein air où j'ai dû fabriquer du papier hygiénique au canif avec de l'écorce de bouleau, je suis réveillé subitement par un vent qui souffle violemment sur les parois de mon gîte. Je dois vite sortir de mon confort précaire pour retenir la toile, au risque d'être déraciné et projeté en Islande!

Je virevolte dans les airs avec mon cerf-volant improvisé. Quelques années plus tôt et j'aurais été l'inventeur du *kitesurf*. Soudainement, mes pieds lèvent d'un seul coup et je suis propulsé dans un bosquet de chardons. Je retombe sur terre et je ressemble à s'y méprendre à un hérisson emberlificoté dans des ficelles. J'ai à peine le temps de me dégager et de déguster un bol d'escargots (!) que, paf!, une autre bourrasque me soulève et j'atterris cette fois une dizaine de mètres plus loin dans un marécage boueux.

Éole manifestera ainsi sa colère toute la nuit. Au petit matin, l'épais brouillard se lève et je peux enfin quitter mon marais. Un lagopède a pris mes cheveux pêle-mêle pour un nid. Je tords mes vêtements, remplissant du coup mes gourdes, et je m'en vais penaud jusqu'à ma voiture. Ou du moins à ce qu'il en reste, car un gros orignal mâle a été soufflé sur le capot, transperçant le pare-brise de ses bois!

Je m'apprête à pleurer quand «*Hoiiiiiiiiiiiink!*», un bruit de klaxon aigu me fait sursauter. C'est mon petit monsieur avec son véhicule tout-terrain. Il porte les mêmes habits que la veille.

– «*Neeeide a liiif' ya' boy?*».

Pourquoi pas! De toute façon, je suis sale de la tête aux pieds et, maintenant, je sais comment me tenir après cet engin. Vrrrrrrroum! Nous voilà repartis! Re-bing, re-boum, re-paf, re-bi-bing, re-boum, re-po-po-po-powww! Nous filons de nouveau à grande vitesse à travers champs jusqu'à ce que le moteur s'arrête tout près d'un cimetière qui jouxte une grange grisâtre peinant à se tenir debout.

– «*Heeeeeeere weeeee arrre ya' boyyyyy?*».

Ouep, c'est sa maison! Après avoir replacé mes testicules, j'entre dans sa bicoque. Je suis attaqué illico par une meute de chiens époilés qui se frottent tour à tour sur ma jambe, la prenant certes pour une borne-fontaine. Après les présentations d'usage, Willie Willoughby, lui qui préfère toutefois se faire appeler Mike (!), me lance sur un ton enjoué:

– «*Wanna change clothes ya' boy?*» (Tu veux changer de vêtements garçon?)

Pour sûr, d'autant plus que j'ai ajouté de la pisse canine à mes guenilles! Il me refile un paquet de vêtements traînant dans un panier percé. J'entre dans une pièce sans lumière et je dois gratter une allumette pour m'éclairer à l'aide d'une chandelle dont de longues coulées pendouillent de chaque côté. Je ressors à la lumière et, aaaaaaargh!, j'ai l'air du jumeau de Willie, arborant une chemise à carreaux rouge et noir et une salopette de jeans!

Fier comme un paon de mon habillement, Willie me lance une carabine et me dit:

– «*Com' ya' boy, we'll go kill once and for all that damned Hitler!*» (Viens garçon, nous allons tuer une fois pour toutes ce satané Hitler!)

WYOMING

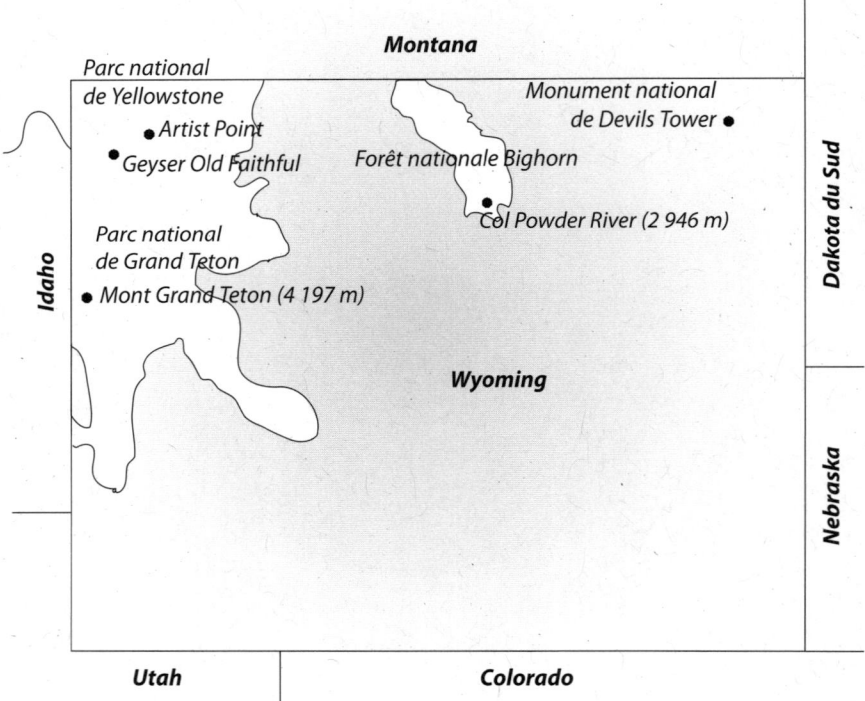

Montana

Parc national
de Yellowstone
• Artist Point
• Geyser Old Faithful

Monument national
de Devils Tower •

Forêt nationale Bighorn

• Col Powder River (2 946 m)

Parc national
de Grand Teton
• Mont Grand Teton (4 197 m)

Idaho

Dakota du Sud

Wyoming

Nebraska

Utah

Colorado

Wyoming :
ma cavalcade au Far West

AAAH! LE WYOMING, terre des cow-boys, des bisons et autres animaux à poils. Toutefois, avant de pouvoir admirer ces mammifères velus dans cet État du nord-ouest américain, je dois parcourir environ 3 000 kilomètres à bord de ma fidèle monture quasi trentenaire, mon Westfalia OranJad.

Malgré la pluie forte qui tombe en ce jour de départ, je ne peux m'empêcher d'être heureux au volant de ma « maison mobile » orangée. La boussole électronique du véhicule affiche toujours un « O » (ouest) bien en vue, me rappelant que je traverserai le continent presque d'un océan à l'autre. En fait, c'est ma ruée vers l'or à moi!

Le soleil a maintenant récupéré sa place dans le ciel. Je peux donc m'arrêter dans ce bois pour casser la croûte au bord d'un joli ruisseau. Vite fait, bien fait, je peux reprendre la route. Je démarre le moteur, je mets la transmission en première, j'ai dit « je mets la transmission en première », rien à faire, la vieille bagnole refuse d'obéir à mes ordres. Je me bats comme un forcené avec le bras de la boîte de vitesses jusqu'à ce qu'il accepte enfin de me concéder le deuxième rapport.

Je roule à vélocité réduite jusqu'au prochain garage, usant de stratégies pour tourner aux intersections et éviter les feux rouges. J'entre juste à temps dans le stationnement de l'atelier de réparations, car la transmission y rend l'âme.

Je dois dès lors recruter quatre volontaires pour m'aider à pousser le lourd véhicule à l'intérieur du commerce. Mon mécano graisseux m'indique de demeurer au volant pour tester les différentes composantes. Il nous monte donc OranJad et moi sur l'élévateur jusqu'au plafond. En un tournemain,

«Baz» trouve le problème. Une fuite d'huile a vidé le récipient et usé une petite pièce si bien que l'attente ne devrait pas être trop longue et la facture trop salée. Le temps de coller un vieux chewing-gum sur le trou et d'installer un ressort, voilà le tour est joué!

Même si ma vitesse de pointe dépasse à peine 90 kilomètres à l'heure, j'arrive aux douanes américaines avant la tombée du jour. Comme tous ses compères, le douanier ventru à moustache touffue affiche un air stoïque. Il fixe longuement mon passeport rempli de sceaux du monde entier et ma Volkswagen d'une autre époque :

– «*Are you carrying any drugs or guns with you?*» (Transportez-vous de la drogue ou des armes à feu?)

– «*No but I'm willing to buy if you have some to sell.*» (Non mais je suis prêt à en acheter si vous en avez à vendre) avais-je le goût de répondre. Heureusement, je me retiens au dernier moment de faire une telle farce.

– «*No sir!*» (Non monsieur!), me contentai-je de dire.

– «*Are you carrying meat, fruits or vegetables with you?*» (Transportez-vous de la viande, des fruits ou des légumes?)

– «*Does the dead corpse in the trunk count as cold meat?*» (Est-ce que le cadavre dans le coffre peut être considéré comme de la viande froide?), avais-je cette fois l'intention de répliquer, mais, de nouveau, je me retiens de blaguer dans les circonstances.

– «*Only an "ananus", some "prouns" and a zucchini as cool as a cucumber!*» (Seulement un *ananus*, quelques *prouns* et une courgette extrêmement calme!)

– «*What?*» (Quoi?)

(Je ne pouvais tout de même pas demeurer sérieux pendant si longtemps.)

Bon, je redeviens un peu réfléchi le temps de l'interrogatoire :

– «*Only a pineapple, some plums and a cucumber*» (Seulement un ananas, quelques prunes et un concombre), corrigeai-je.

Découragé par tant d'imbécillité de la part de ce cornichon francophone, il me laisse passer en fronçant les sourcils et en se mordillant les lèvres.

⁂

J'avale des centaines de kilomètres au cours des deux jours suivants, traversant coup sur coup les États du Michigan, du Wisconsin et du Minnesota. Une longue cavalcade à travers champs de foin et de maïs. Avec un tel paysage, je me crois carrément plongé dans le film *Le Magicien d'Oz*. D'ailleurs, je pourrais certes y tenir le rôle de l'épouvantail en manque d'un cerveau!

Sur ces rêvasseries, je m'arrête en bordure de route pour faire un petit roupillon.

Je repars sur un long chemin de briques jaunes me menant vers un village du nom de Munchkinland. Las de voyager seul, j'embarque deux autostoppeurs, un gaillard dur comme fer et un grassouillet à longue chevelure blonde avec un petit chien foncé surnommé Toto. Nous croisons au passage plusieurs habitants bizarres : des nains aux drôles d'habits, des écureuils volants gros comme des singes capucins et une vieille dame à chapeau noir et au teint verdâtre.

Une fine pluie se met à tomber quand, paf!, une crevaison. Je tente de déboulonner le pneu, mais rien à faire, il semble coincé dans les vis. Peine perdue d'espérer un peu d'aide de mes nouveaux compagnons, le colosse ferreux semblant rouillé tandis que le froussard est allé se cacher avec son cabot derrière un pommier. Le soleil fait son apparition. Un joli arc-en-ciel s'arrête juste devant le véhicule. Soudain, la mémé croisée plus tôt apparaît avec un balai. Comme sa brosse est magique dit-elle, elle pourrait réparer mon pneu en échange de mes souliers *Converse* rouges. Devant tous ces villageois complètement tarés, je déserte les lieux en trombe, seul à bord de ma citrouille à trois pneus. Une pluie, cette fois d'écureuils volants, s'abat sur mon pare-brise. Je me réfugie dans une espèce de grange à pignons.

L'intérieur est sombre et froid, le vent soufflant par les ouvertures béantes entre les planches. Une voix aiguë accompagnée de violents coups de poing résonnent à la porte :

— «*Ouvrez! Ouvrez! Je sais que vous êtes làààà! Je ne suis qu'un scout vendant du chocolat, des calendriers et des* ananus *confits pour notre jamboree annuel.*»

Je me réveille en sursaut. Un vieux fermier avec une fourche à la main et une brindille à la bouche cogne à ma fenêtre :

— «*Do you need help young man?*» (Avez-vous besoin d'aide jeune homme?) me demande-t-il.

— «*No, no, thanks. I was only having a nightmare where a witch with a broom was flying behind a tree with a boy scout and his «ananus».…*» (Non, non, merci. Je faisais seulement un cauchemar dans lequel une sorcière avec un balai volait derrière un arbre avec un scout et son *ananus*…)

Je n'ai même pas le temps de terminer de raconter mon mauvais rêve au paysan qu'il était déjà parti en courant. Vraiment bizarres les habitants ici…

✳

J'entre dans l'État du Dakota du Sud qui me semble plus civilisé, du moins si je fais fi de tous ces motocyclistes qui se baladent cheveux au vent, sans casque. J'arrête dans un village nommé Mitchell pour faire le plein d'essence et de provisions lorsque ma théorie est rudement mise à l'épreuve. L'attraction principale de ce bled se veut en effet un énorme palais entièrement couvert de grains de maïs! Pas moins de 275 000 épis décorent les murs du bâtiment dominé par des minarets et des tours au design mauresque. Est-ce que je vous ai dit qu'ils étaient bizarres?

Je trouve une aire de repos où manger mes trouvailles, soit une crème de maïs en conserve, des croustilles de maïs nappées de sirop de maïs et un sac de maïs soufflé. Ça devrait me sustenter quelque peu jusqu'à ma première vraie destination : le parc des Badlands.

Ce parc dépasse l'imaginaire avec des formations lunaires à perte de vue: des buttes, pinacles et flèches arides sculptés par le vent au fil des siècles. Qui plus est, les strates sédimentaires du terrain reflètent des couleurs à la fois différentes et éblouissantes selon la position du soleil ou de la pleine lune.

Encore ébahi par ces paysages uniques, je m'apprête à démarrer le moteur pour quitter ce promontoire quand, double paf!, deux bisons immenses décident que je suis la vedette du jour. Ils frôlent le véhicule de leurs énormes museaux, bavant sur la carrosserie d'OranJad. La tôle du Westfalia frétille sous le souffle des bêtes. Après m'avoir observé longuement de leurs regards vides et exorbités, ils s'en retournent paître dans les steppes environnantes.

✻

Une fois stationné à mon site de camping, je rumine sur cette expérience animale vécue plus tôt tout en prenant quelques bouchées de mon steak de bison. Je me plonge dans le passé en imaginant le sort atroce de ces «buffalos» chassés par les Sioux. Encore pire, ces Blancs qui ont quasi exterminé tant l'espèce que les Amérindiens.

– «Hug! Moi Castor Poilu» dis-je au grand chef à plumes assis à l'indienne devant moi.

– «Salut McBlanc, moi Grosse Poche Verte, répondit-il. Moi avoir en solde aujourd'hui cigarettes, mocassins et capteurs de rêves. Et si toi acheter produits valant plus de vingt peaux de loutres, toi avoir en prime bouteille de sirop Lakota!»

– «Euh, excusez-moi Sacoche Herbeuse, mais moi avoir seulement sept vieux rétroviseurs de Renault 5 et trois bouteilles de parfum Kalvin Klown en échange.»

– «Écoute jumeau de Pollux à la gomme, je connais le tabac! En fait, mon nom est Bob Peltier. Tiens, je vais enlever mon déguisement ridicule et tu me donnes en retour vingt dollars pour cette paire de mocassins fabriqués à Taïwan, d'accord?»

Je me fais réveiller aux petites heures par des petits cris stridents, comme si tous les bébés d'une pouponnière avaient avalé un gazou. Sûrement la tente voisine, me dis-je tout en essayant de me rendormir sous mon oreiller. Les bruits persistent et je ne peux m'empêcher d'aller jeter un œil par la fenêtre. Des dizaines de chiens de prairie montent la garde à la porte de leur terrier, effrayés par ce gros prédateur orange. Meuh non, OranJad n'a rien d'un coyote ou d'un putois!

❋

Je pars discrètement pour ne pas déranger ces petites bestioles. Je me dirige cette fois vers le Devils Tower, une autre formation rocheuse semblant sortie tout droit de la planète Mars. Situé au milieu de nulle part dans l'État du Wyoming, ce monolithe géant formé de colonnes de grès surplombe les plaines environnantes du haut de ses 1 500 mètres. Je me stationne en périphérie pour marcher autour de ce monument. Les arbres qui côtoient le monstre sont décorés de rubans colorés, car il est encore sacré pour plusieurs tribus amérindiennes. Cette tour représente d'ailleurs fort bien la légende sioux voulant qu'un Grand Esprit soulevât le sol pour sauver de jeunes cueilleuses de fleurs de l'emprise des ours. Dans leur chute, les carnivores tentèrent de s'agripper aux parois, les griffant de longues marques verticales.

Je suis vite extirpé de mes cours d'histoire quand un *bull snake* (serpent taureau) d'un mètre cinquante croise le sentier juste en face de moi. N'ayant pas mon turban et ma flûte de charmeur de serpent, je décide dès lors de faire la statue suintante. Ouf! Il me passe sous le nez sans broncher. J'ose croire que mon imitation de Buffalo Bill en béton n'était pas si mauvaise que ça!

Mon but est maintenant de filer jusqu'à l'extrémité nord-ouest de l'État où se trouve le fameux Parc national de Yellowstone. À peine sur l'autoroute, je veux récupérer mes verres fumés quand, biding-badang-boum, le coffre à gants s'effondre sur le plancher. Pas le choix de m'arrêter en bordure du chemin pour ramasser mes trucs pêle-mêle et réparer ce bazar à l'aide de fil de cuivre. Fini les caprices OranJad, puis-je repartir?

Aussitôt rembarqué sur la voie express, l'accélérateur décide soudain de ne plus répondre à mon pied. Mon bolide se met à toussoter et je remarque dans mon rétro une longue coulée d'essence sur la chaussée. Non, nooon, nooooon! Les conduits d'alimentation d'essence se sont sectionnés, si bien que je suis en panne sèche!

Quoi OranJad, tu n'es pas content-content? Le petit garçon n'a pas aimé se faire renifler le derrière par les gros bisons-sons?

Je me mets à l'écart du danger et je n'ai d'autre choix que d'attendre la remorqueuse. Après une trentaine de minutes à compter les brins de paille du champ voisin, le gros camion fait son apparition tous gyrophares en fonction. Mon «bébé» est hissé sur la plate-forme de la dépanneuse qui le mènera à l'hôpital des «câbles brisés».

Docteur McAno se pointe enfin dans la salle d'opération. Bistouri, demande-t-il à son assistante, une jolie blonde plantureuse à sarrau blanc entrouvert qui se veut une copie conforme de la cocotte du mois de juillet du calendrier accroché au mur. Il pratique une petite incision sur le tuyau défectueux. Le chirurgien place ensuite les écarteurs pour entrer ses pinces profondément dans le boyau. Arrive l'étape la plus critique: utiliser un porte-aiguille pour raccorder avec du fil tous les tubes. Je fais les cent pas devant la vitrine, je suis fébrile à l'extrême. Le médecin d'engins sort de l'atelier avec sa petite calotte verte et les mains maculées d'huile pour me livrer le diagnostic:

– «Monsieur Huot, après auscultation à l'aide d'un stéthoscope et un test d'imagerie par résonance magnétique, j'ai remarqué que les bruits B1 et B2 étaient discordants lors de la communication interauriculaire, vraisemblablement causés par un blocage des branches systolo-diastoliques, ce pour quoi j'ai dû effectuer une plastie valvulaire.»

Je fonds en larmes tout en tapant des poings sur le mur:

– «Nooooon, comment pouvez-vous m'annoncer si froidement la fin d'OranJad?»

– «Ce n'est pas ce que j'ai dit. Mon discours était pourtant clair, non ? En d'autres mots, tout est beau, j'ai réparé le tuyau, passez voir ma secrétaire pour payer les honoraires. »

Je serre dans mes bras mon Westfalia et je peux enfin reprendre la route. Du moins pour quelques kilomètres, car avec toutes ces péripéties il commence à faire nuit. Je m'enfonce dans les montagnes enneigées de la réserve *Big Horn* pour m'arrêter non loin du col le plus haut du secteur, le *Powder River Pass* situé à près de 3 000 mètres. Je m'apprête à préparer mon repas quand je note que le frigo semble à son tour faire défaut. J'ouvre le toit pour à tout le moins aérer la pièce. « Ne manquerait plus que la fermeture de la toile moustiquaire me reste entre les mains », me dis-je mi-figue, mi-raisin. Crrrack ! Merde ! Je ne touche plus à rien pour le reste de la journée !

❈

Brrr ! La nuit a été on ne peut plus fraîche à une telle altitude. Avoir su, je me seraïs procuré plus tôt un manteau en peau de bison, une jupe en feuilles d'épis de maïs et des pantoufles en poils de chiens de prairie.

Je redescends à «hauteur normale» et les montagnes laissent place à d'interminables terres arides. Plus je roule, plus les paysages se transforment maintenant en rivières tumultueuses et en formations rocheuses étonnantes.

Après plusieurs tours et détours imprévus, j'arrive enfin dans le Parc national de Yellowstone. Ce site est reconnu mondialement pour ses geysers ainsi que sa faune hétéroclite, tant en termes d'animaux que de… touristes ! L'espèce animale est fort bien représentée avec entre autres le bison, l'orignal, le wapiti, le cerf-mulet, le mouflon d'Amérique, le coyote, le loup ainsi que les ours grizzly et noir. Quant aux humains, ils sont aussi imposants par leur nombre avec près de 3,7 millions de visiteurs par année. Des abrutis d'andouilles s'arrêtant en plein milieu de la route pour regarder une marmotte aux insignifiants idiots innocents se bousculant pour prendre une vulgaire roche en photo, en passant par les conards de crétins de couillons en cruche jetant leurs ordures sur le sol.

Je me faufile au travers de cette mer d'imbéciles inutiles pour admirer un tantinet le panorama exceptionnel du Artist Point où se jettent les chutes Lower Falls dans un canyon vrombissant aux superbes couleurs ocre. Difficile toutefois de s'évader devant tant de beauté quand on reçoit des coups de coude dans les côtes et des gifles de lentilles d'appareils-photos sur le nez à chaque seconde. Je continue ma visite en stoppant ensuite, bouchon de circulation oblige, à proximité d'un troupeau de centaines de bisons broutant dans un pré. Le bouillonnement et les fumerolles des geysers colorés de façon surréelle par les minéraux sont toutefois les plus spectaculaires, dont ceux du célèbre Old Faithful.

❄

Je fuis cette bande de zouaves en me réfugiant dans le Parc national de Grand Teton situé juste à côté. Ces montagnes sont à ce point grandioses et impressionnantes qu'elles semblent projetées sur un écran panoramique. Je me gare dans le stationnement au début du sentier de Lupine Meadows en vue de la randonnée du lendemain.

Le soleil est au rendez-vous ce matin. La piste est assez exigeante, car en montée continuelle jusqu'à la toute fin. Les points de vue valent cependant pleinement l'effort avec ces touffes de lupins aux couleurs variées et ces lacs entourés de forêts et de montagnes au loin. La compagnie de ces tamias rayés et de ces marmottes de montagne agrémente aussi la marche.

Arrivé près de la destination, les indications sur ma carte sont peu claires et les panneaux semblent jouer à cache-cache. Je me fraie un chemin en suivant des traces de pas dans la neige quand, ô surprise, le lac Surprise! Les coups d'œil sont tout simplement saisissants : des blocs de roc enneigés se reflètent dans le lac glaciaire sur fond de ciel bleu. Ma-gi-que!

Je suis tellement fasciné par ces paysages que j'en perds pied et je me retrouve coincé sous une grosse roche. Mon genou gauche est ouvert et il pisse le sang. Pas de panique mon homme, tu ne traînes pas une trousse de premiers soins pour rien. Je sors tampons, alcool désinfectant, compresses, pansements de gaze, ruban adhésif et diachylons avec images de *Scooby-Doo*, voilà le travail! Je suis toutefois déçu de n'avoir pu compter sur l'assistante du Docteur McAno au cas où je serais tombé dans les pommes et que j'aurais eu besoin du bouche-à-bouche!

Je casse la croûte, encore ébahi par ces splendides merveilles de la nature, parlant ici des montagnes et non des attributs de la cocotte du calendrier. Après avoir avalé mon sandwich, mon fromage et mon chocolat, il est déjà temps de descendre vers mon point d'origine. Je mets en marche mon lecteur MP3, je choisis l'un de mes albums préférés, *Fangless Wolf Facing Winter* de Kevin Parent, et je sélectionne la deuxième chanson, *Come with me*.

> « *I know who you are, I think you need a kiss,*
> *I'm gonna take you to the place you refuse to miss.*
> *So come with me, I'll take you back home.* »

Bien que mes pieds soient tapissés d'ampoules, je presse le pas. Qui sait, peut-être que la jolie blonde plantureuse m'attend dans le Westfalia ?

MEXIQUE

États-Unis

Mexique

Golfe du Mexique

Océan Pacifique

El Capulin ● ✪ Mexico

San Juan Chamula ●

Sima de las Cotorras ● ● Tuxtla Gutiérrez

Guatem

¡Ay, caramba!

JE ME DIRIGEAIS UN PEU À RECULONS vers le Mexique (du moins moi, pas l'avion dans lequel je prenais place!). Avec tous ces clichés, publicités et stéréotypes négatifs véhiculés dans le monde occidental sur ce pays et ses habitants, je croyais que les seules destinations envisageables seraient des plages de clubs tout inclus bondées de touristes. Je me voyais déjà accueilli par un Mexicain grassouillet en train de faire une sieste à l'ombre d'un cactus sous un énorme sombrero multicolore. On me coincerait dans le sable comme une sardine entre deux obèses américaines, une grue venant les retourner aux trente minutes pour uniformiser leur bronzage.

À la cafétéria, les seules options de repas seraient des petites tortillas réchauffées et des haricots pâteux d'une couleur douteuse, le tout arrosé de *Tequila*. Ces mets infects me donneraient une diarrhée carabinée rappelant les plus farouches batailles de la révolution mexicaine. Je serais ainsi confiné aux chiottes pendant des jours. La pièce serait tellement exiguë que je devrais rester accroupi sur la cuvette débordante pour me vider les intestins. J'en développerais des ampoules aux doigts à force d'actionner la chasse d'eau.

Incapable de m'en remettre, on me transférerait à dos d'âne coiffé d'un gyrophare rouge à sirène jusqu'à un hôpital en béton décrépit où ma chambre serait décorée d'affiches de Pancho Villa. Je n'y aurais comme activités que de regarder des reprises de *Speedy Gonzales* à la télé ou d'écouter *Pepito Mi Corazón* jouer en boucle à la radio. On serait obligé de m'insérer un bouchon de liège dans le troufignon pour que je sois rapatrié à la maison.

Transféré à bord d'un vieux bimoteur tremblotant de *La Bamba Airlines*, je ne serais accompagné que d'une infirmière à moustache équipée d'une gigantesque seringue infectée, d'une vadrouille souillée et de bouchons de liège en surplus. À peine l'avion décollé de la piste, j'exploserais violemment, mon bouchon assommant le pilote grassouillet à sombrero multicolore. Il s'affaisserait d'un coup sec sur les commandes de l'appareil qui se mettrait à tourbillonner vitement vers le sol. Nous serions sauvés par miracle, car l'engin finirait sa course folle sur les deux obèses américaines, rebondissant jusque dans une mer de haricots pâteux.

Heureusement, j'étais dans l'erreur… enfin presque !

✻

J'atterris en douceur dans la capitale Mexico, une des villes les plus peuplées au monde avec plus de 20 millions d'habitants. J'ai quelques jours à tuer dans les environs avant de me rendre à ma destination principale, l'État du Chiapas situé dans le sud du pays.

Je m'assois donc par terre à l'extérieur de l'aéroport moderne en attendant qu'un autocar me ramasse au passage. Mon but : atteindre le village d'El Capulin, un des lieux de prédilection pour observer la migration des papillons monarques. Je devrai toutefois transiter d'abord à Zitácuaro pour trouver un minibus assurant le lien avec mon objectif ultime.

À l'extérieur du terminus principal de « Zitá », je me faufile à travers les échoppes de vendeurs offrant des fruits alléchants, des pains tout chaud sortis du four et divers bric-à-brac. Première constatation : les Mexicains sont petits en titi ! Même si je ne suis pas le *Géant Vert*, je ne compte plus les fois où je me suis frappé le crâne contre un auvent et où j'ai fait virevolter les parasols des marchands.

Après m'être quasi aveuglé avec une baleine d'ombrelle, je m'achète un melon aussi gros qu'un zeppelin. J'ai à peine le temps d'y prendre une bouchée qu'un coq déplumé à la voix enrouée me fait sursauter, échappant du coup ma pastèque sur le sol. Grrrrr… Je crois que je vais changer mon menu du matin pour manger… du poulet !

Encore tout dégoulinant et rempli de pépins, je m'entasse dans un minibus surchargé de locaux trapus. Je devrai me plier en deux, car il n'y a pas de toit ouvrant pour que je puisse, à l'instar d'une girafe, me sortir la tête du véhicule. Durant tout le trajet, j'aurai les pompons du sombrero de mon voisin qui me flagelleront le visage et la chèvre d'une vieille dame qui me reniflera le derrière.

J'arrive enfin à ma destination. Le temps de secouer toutes ces fibres textiles de ma barbe et de me rendre compte que la chèvre avait mâchouillé le fessier de mon pantalon, je me dirige vers une cabane rustique où il n'y a ni porte, ni fenêtres. Ne pouvant cogner, ayant crainte que s'écroule cette baraque, je zieute à l'intérieur... Une poule picore sous la table et deux canards se dandinent sur un comptoir. Des dizaines d'icônes religieuses entourant une affiche de Pancho Villa recouvrent les murs. Une vieille radio crache *Pepito Mi Corazón* et sur le four à bois de fortune bout une marmite de haricots pâteux!

Arrive une dame au visage d'argile et aux longues tresses noires avec des tortillas fumantes dans les mains. Elle ne semble pas effrayée (faut dire qu'il n'y a rien à voler dans cette bicoque!). Je lui demande où je peux trouver des chevaux et un cavalier pour m'accompagner jusqu'au sommet de la montagne. Elle m'indique du doigt de patienter un moment.

Elle revient quelques minutes plus tard avec son fils, un gaillard portant une moustache sous le nez et un bébé sous le bras. José Ignacio Cipriano Hernandez, dit *El Asno Macho* (L'âne mâle), a vraiment l'air d'un cow-boy: chemise de jeans salie par la poussière, grosse boucle métallique à la ceinture et bottes à éperons.

Nous enfourchons nos montures, lui un pur-sang d'un blanc immaculé et moi un fringant étalon marron. À peine le temps de mettre le pied dans l'étrier que Pegaso, mon cheval, prend le mors aux dents et file dans un sentier. Je me tiens du mieux que je peux au pommeau et je réussis tant bien que mal à prendre place sur la selle tout en évitant les branches d'arbres qui sifflent près de mes oreilles. Je tire de toutes mes forces sur la cordelette jaune en criant:

– «*Halte! Wôôôh! Hola, hola-la, ho-la-la-la-la*» ne sachant trop quelle langue ma monture pouvait bien parler.

Pegaso finit par mettre les freins brusquement, juste au bord d'un précipice. Encore sous le choc, je descends en titubant de mon siège. Je jette un œil à la profondeur du gouffre et, gulp!, je tombe dans les pommes...

Je me réveille tout courbaturé en travers de mon étalon, pendouillant de chaque côté comme une vulgaire poche de patates. Je regarde mes vêtements enduits de... snif!... de... snif! snif! snif!... beurk!... d'excréments! Ouep! Je suis bel et bien tombé dans les pommes... de route de mon cheval!

Pegaso et moi sommes traînés lentement par José – ou est-ce Ignacio? Ou Cipriano? Ou *El Asno Macho*? –, m'enfin par trucmuche qui me confirme que nous arrivons bientôt au repaire des papillons. Ça ne m'a pourtant pas paru long comme trajet!

In-cro-ya-ble! Des nuées de papillons monarques par dizaines, voire par centaines de milliers flottent dans les airs, tapissant le ciel d'un orangé étincelant. Certains osent se poser sur ma tête, mes bras et même dans la pochette restée ouverte de mon appareil-photo. Leurs battements d'ailes sont si forts qu'on croirait le bruit de la pluie ou du vent qui souffle dans les feuilles. Une expérience spectaculaire, que dis-je, magique, que dis-je, fantasmagorique, que... que... Oh! Je crois que je vais retomber dans les pommes. Pas de crottins de Pegaso aux alentours, OK, je peux m'évanouir...

❉

Après cette aventure unique, je peux enfin viser ma cible finale: le Chiapas. L'avion de *La Bamba Airlines* touche le sol à Tuxtla Gutiérrez, la capitale de cet État jouxtant la frontière du Guatemala. Cette fois, mon but est d'atteindre San Juan Chamula, un village traditionnel tzotzil perché dans les montagnes.

Je siffle un taxi et on m'envoie probablement le pire tacot au nord de Buenos Aires! Je vois arriver péniblement, dans un épais nuage de fumée, une espèce de voiture semblant tout droit sortie d'un derby de démolition. J'essaie de me défiler vitement derrière une poubelle arborant une affiche de Pancho Villa avec un balai à la main au lieu d'un fusil. Un préposé, aussi délabré que la bagnole, me pousse cependant à l'intérieur du véhicule. Je voudrais bien en sortir, mais il n'y a pas de poignées aux portes!

Je suis bel et bien pris dans cette guimbarde. Le pare-brise ressemble à un tableau des ventes en pleine instabilité économique, mon siège valse comme une chaise berçante, car non fixé au plancher, et le capot est retenu avec peine par des cintres rouillés. En fait, les seules choses qui semblent bien fonctionner dans ce foutu bataclan sont le klaxon et la radiocassette qui joue à tue-tête des chansons bâtardes de mariachis. Pour ajouter à la farce, mon conducteur édenté me laisse à 500 mètres de ma destination finale, car il y a un barrage policier et ses papiers, s'il en a vraiment, ne sont pas en règle.

Ouch! Ça semble être l'heure de pointe au village. On jurerait d'ailleurs que toutes les associations d'aînés de la planète se sont donné rendez-vous ici. Une mer de commis voyageurs improvisés se précipite furieusement sur les vieux touristes croulants. Certains leur offrent des espèces de dentiers en bois imitant des maracas. D'autres présentent leurs toutes nouvelles collections printanières de jupes et de manteaux faits de laine non brossée de moutons noirs. Mais aucun des ancêtres ne bouge, tous fixant l'horizon d'un regard vide. Soudain, l'un d'eux brandit sa canne en direction d'une cantine. Il postillonne vers ses collègues tout en s'égosillant:

– « *Des haricots pâteux!* »

Le groupe d'antiquailles met son moteur en marche. La nervosité est palpable sur la ligne de départ. À vos marques, prêts... Oups! Faux départ! Dans son empressement, Madame Caron a culbuté par-dessus les poignées de son triporteur électrique. On devra faire appel aux ânes à gyrophares et sirènes pour dégager la piste. Attention... Paf! C'est parti! Ooooh! Monsieur Binette prend les devants dans le couloir numéro deux. Il est suivi de près par Monsieur Duval mais... mais... ah! quel dommage! Il semble avoir été victime d'un bris d'équipement, sa couche pendouillant de chaque côté de son bermuda brun à carreaux. Madame Picard en profite pour prendre le second rang et coller aux fesses le meneur. On arrive dans la dernière ligne droite et oh!, quelle fin de course! Les deux croisent la ligne d'arrivée quasi nez à nez, on devra aller à la *photo-finish*. Ouuui! Madame Picard est déclarée gagnante grâce à sa chevelure préhistorique bourrée de fixatif, devançant d'un poil Monsieur Binette qui avait malheureusement perdu son toupet à mi-parcours.

Pendant qu'on remet le trophée du vainqueur à la championne du jour, une sorte de gros bol métallique rempli de haricots pâteux, je préfère m'éloigner de la masse bruyante. Je me dirige donc vers les collines avoisinantes pour aller voir le... cimetière! Il n'y a naturellement pas âme qui vive à cet endroit, à part un coq et deux poules venus se régaler d'un festin de vers. Aaaaah! Je peux maintenant m'étendre dans l'herbe et me prélasser tranquille à l'abri des foules. Mais, eh!, qu'est-ce que c'est que tout ce vacarme? Ah non! Les ânes à sirènes, maintenant peints en noir, s'en viennent suivis d'une procession pour enterrer Madame Caron!

Je prends la poudre d'escampette et saute à la sauvette dans un taxi qui passait par là. Aaaaaaargh! Mon chauffeur édenté! J'endurerai le même manège pendant de longues heures jusqu'au bled d'Ocozocoautla. J'aurai toutefois la brillante idée de me bourrer les oreilles avec du guacamole pour ne pas entendre sa musique du diable. Nous arrivons à destination et mon conducteur me laisse devant un hôtel aussi dégradé que sa ferraille. Je lis l'affiche: «*Hotel de la Desolación*». Il se fait tard, entrons...

Personne. J'attends patiemment au comptoir de la réception. La minuscule pièce est sombre, éclairée seulement par quelques lampions brûlant devant des photos ratatinées de la Sainte Vierge. Arrive enfin une dame boulotte aux longues tresses noires empestant le parfum bon marché avec des tortillas fumantes dans les mains.

– «¿*Quieres una habitación mi chiquirritito?*» (Veux-tu une chambre mon tout petit?)

– «*Euh! Yes! Oh pardon... Si, Sissi!*»

La grognasse ouvre un tiroir en bois défraîchi. Quel fouillis! Elle ramasse une pile de clefs cachées derrière des élastiques cassés et de vieux tampons en morceaux. Elle monte ensuite nonchalamment l'escalier, marche par marche, jusqu'à l'étage. À cette vitesse, je me demande même si nous arriverons avant l'aube!

Le long corridor n'est pas plus éclairé que le rez-de-chaussée. On se croirait même dans une discothèque tellement les néons clignotent comme des stroboscopes. Nous essayons toutes les clefs une à une. Aucune n'ouvre la porte placée devant nous. La mégère m'emmène lentement vers l'autre bout du couloir. Je profite donc des néons défectueux pour faire quelques pas de danse à la Travolta. Juste comme j'arrive au refrain de *Staying Alive*, elle réussit enfin à ouvrir une porte.

Nous entrons dans une sorte de grotte obscure à l'air funèbre et humide. La lumière cligne pendant quelques secondes avant d'éclaircir la pièce. Pendant que j'inspecte l'endroit, la mama tente sans succès d'actionner le ventilateur du plafonnier. Elle me demande alors de sauter sur le lit pour donner un coup sur les pales. Le ventilo se décroche et, si ce n'était des fils, il me tombait sur la tête !

Euh ! Combien pour cette « suite nuptiale » ? Seulement 75 pesos ? D'accord, j'achète !

Il fait chaud ici, à la douche ! Beu-eurk ! Vu tout le branle-bas de combat causé par le système de ventilation, je n'avais pas terminé ma visite des lieux. Je n'avais donc pas vu la salle de bain avec ses carreaux décolorés, ses tuiles couvertes de moisissure et sa fenêtre fracassée par laquelle rentraient des moustiques. Le comble : il n'y a pas de serviette !

Je redescends donc au palier inférieur pour demander à Maria Guadalupe le précieux bout de linge. Elle reprend son gros trousseau de clefs et nous voilà repartis d'un pas lambin vers l'étage. Quelques minutes avant le chant du coq, nous arrivons devant une grosse armoire remplie de torchons chiffonnés en parfait désordre. Désabusé, j'en prends un fuchsia délavé.

De retour dans ma douche moins blanche que blanche, j'ouvre le robinet qui vient bien près de me rester dans la main. Miracle ! Il y a de l'eau et chaude par-dessus le marché ! Je m'empresse de me savonner joyeusement le corps et les cheveux quand, paf !, plus une goutte. J'attends… rien. Ayant trop l'air de « Pépin la Bulle », j'enfile ma serviette aux allures d'une pastille rose sucée trop longtemps et je redescends d'un pas pressé à la réception.

Maria esquisse un large sourire, du moins si on peut appeler un sourire une dent pendant à une gencive. Elle tombe soudainement en hyperventilation. Je veux prendre ma serviette pour l'aider à mieux respirer quand, meeeeeeerde ! Ma serviette était tombée dans les escaliers et je me tiens là nu comme un ver !

✳

Au lever du jour, blasé de voir tous ces ânes à gyrophares, je décide de nouveau de bouger mes pénates. Je vise cette fois le Sima de las Cotorras, un gouffre où nichent des perroquets verts.

Je m'apprête à siffler un taxi quand je réfléchis à mon geste... Non, pas de chance à prendre, je vais plutôt stopper une camionnette. J'offre au paysan quelques pesos bien luisants et, vroum!, nous voilà partis!

Mon chauffeur se présente : Pablo Fernando Santiago Lopez, dit *El Toro Blando* (Le taureau mou). Pablo est un fermier courtaud arborant fièrement sa chemise à carreaux, ses bretelles, son sombrero de paille et sa brindille à la bouche. Son bahut n'est guère mieux que le taxi emprunté auparavant, mais, au moins, sa radio est hors d'usage.

Nous empruntons un chemin de terre raboteux. Le pneu usagé sur lequel je suis assis amortit quelque peu les bonds effectués à chaque fois que nous passons dans un trou. J'arrive enfin sur place. Le responsable du parc m'accueille :

— «*¡Buenos Días! Me llamo Rosario Alonso Salvador Sanchez, o El Pajarito Calvo como me apodan mis amigos*» (Bonjour! Je me nomme Rosario Alonso Salvador Sanchez ou, comme me surnomment mes amis, le petit oiseau chauve.)

Rosario est un nabot sympathique arborant fièrement sa chemise vert pistache de la réserve, son pistolet à barillet à la taille, son sombrero de boy-scout et une lime à la bouche.

Mon hôte m'emmène à mes quartiers, fort jolis et spacieux, si ce n'était de ces draps qui affichent les armoiries d'un hôtel de luxe des environs. J'y dépose mon sac et je pars à la découverte du site.

Le coin est fort spécial avec tous ces perroquets chantant dans une cacophonie stridente. Le son de leurs voix bondit sur les parois du gouffre profond pour arriver jusqu'à mes oreilles. En fait, on dirait que les employés d'une fabrique de jouets en caoutchouc se sont donné rendez-vous dans l'entrepôt pour presser en même temps tous les joujoux disponibles.

J'emprunte ensuite un sentier où je pourrai observer longuement des agoutis, d'autres oiseaux et ces singes noirs aux testicules de couleur et grosseur équivalentes à la tête de champignons bolets à beau pied. Au moment où je sors mes lunettes d'approche, j'entends un bruit sourd et grondant avec férocité. S'agit-il d'un jaguar affamé aux dents acérées ? D'un singe hurleur en manque de bananes ? Ou d'une Aztèque affamée aux dents acérées en manque de bananes ?

Rien de tout cela (ouf!), il ne s'agit que de mon ventre qui crie famine. Je me dirige vers la cafétéria avec l'eau à la bouche en pensant aux *tamales de chipilín* (pâte de maïs assaisonnée d'herbes de *chipilín* et enveloppée dans une feuille de bananier) et aux *frijoles a la mole de guajolote* (un mélange de haricots et de purée de dindon) au menu. Je me bute cependant à une porte close. Bah! Le chef est sûrement parti aux toilettes pour préparer les *salsas* (sauces). Ça me donnera le temps d'aller prendre une douche. Zut de flûte! J'ai oublié ma clef à l'intérieur de ma chambre!

Je retourne à la cafétéria et je trouve enfin Rosario endormi dans une pile de choux. Il prend deux sacs de clefs. Nous irons les essayer une à une. Rien. Y a-t-il une autre option ? Oui, me répond mon acolyte. Monter sur le toit de l'édifice et défaire les tuiles semi-circulaires en argile!

Rosario prend au vol une perche métallique destinée à ouvrir les auvents. Nous montons un derrière l'autre dans la petite échelle collée au mur. Nous ouvrons une lourde trappe et nous marchons avec prudence sur les arêtes de la couverture. Je ne sais trop pourquoi, mais Rosario me désigne comme «pêcheur» officiel (est-il trop peureux ou... juste trop gros pour passer dans l'ouverture?). Je me passe le bras dans le trou et j'essaie d'attraper l'irremplaçable objet. Merde, il me manque au moins un mètre!

Le patron me dit de rester là, qu'il va revenir sous peu. Je suis donc «là», c'est-à-dire «seul-au-milieu-d'une-forêt-du-Chiapas-au-dessus-de-la-cîme-des-arbres-en-pleine-noirceur-assis-sur-le-toit-d'un-édifice-de-deux-étages», à attendre. Cette activité n'était certes pas au programme de la brochure touristique!

J'attends, j'aaattends, j'aaaaaaattends... Rosario revient enfin avec une canne à pêche de fabrication artisanale. Il a en effet rafistolé un bâton avec des branches de bambou auxquelles il a entortillé un hameçon fait avec des fils barbelés. J'accroche un appât, soit une serrure (!), au bout de la ligne. Je la descends vers ma proie. À peine le lit atteint, une touche. Oh ouuui, ça mord! Je remonte ma prise doucement en évitant de l'accrocher dans les poutres transversales du plafond. Eh bien! Je suis définitivement meilleur à la pêche à la clef qu'à la pêche à la truite, car j'ai miraculeusement récupéré l'objet tant convoité du premier coup!

Avec tout ça, je n'ai pas encore bouffé et les cuisines sont naturellement fermées à cette heure. Je dénicherai néanmoins un sac de popcorn rassis et une conserve de pêches (!) empoussiérée dans un garde-manger à l'abandon.

✾

Après cette mésaventure unique, l'activité du lendemain matin n'est qu'un jeu d'enfant. J'arrive donc détendu au point de rendez-vous du rappel. Qu'est-ce que le rappel? Il s'agit «simplement» de descendre au fond du gouffre de 125 mètres avec comme seuls outils une corde, un harnais, un bloqueur et un casque. De la petite bière, je vous dis!

Mon guide est déjà sur place. Carlos Alejandro Javier Gomez, dit *La Araña Presumida* (L'araignée coquette), m'habille d'équipements dernier cri. Il porte de son côté des vêtements en latex dignes des lutteurs les plus burlesques de la *Lucha Libre* (lutte libre typiquement mexicaine).

Nous filons sur nos cordes à toute vitesse et nous voilà les doigts dans le nez dans les profondeurs du gouffre. Après nous être mouchés avec les feuilles d'un figuier de Barbarie, nous nous arrêtons devant une grotte que le guide dit magique:

— «*¿Vamos?*» (Nous y allons?), me demande-t-il.

— «*No tengo miedo de nada. ¡Vamos!*» (Je n'ai peur de rien. Allons-y!)

Nous pénétrons dans la caverne noirâtre. Plus nous avançons, plus nous devons nous accroupir pour passer dans les minces brèches du souterrain. Nous devons maintenant ramper dans la boue, les bras devant avec comme seule traction le mouvement de nos genoux. Nous arrivons enfin dans une grande pièce de roc où nous côtoient des stalagmites et des stalactites spectaculaires. Nous poussons même l'audace jusqu'à éteindre nos lampes frontales. Le silence to-tal! Seules des gouttes d'eau tombent de temps à autre du plafond. Plouk... Plouk... Plouk. Magique? Bien dit mon Carlos! Nous nous croirions presque dans les ténèbres!

Après une heure passée dans ce labyrinthe, il est temps d'en sortir. Je perçois enfin la lumière du jour quand je remarque mes mains tachées de sang desséché. Le frottement de la corde de rappel a été si intense qu'il a brûlé mes paumes. Avec ma barbe hirsute, on me confondrait facilement avec Jésus-Christ après la crucifixion. Ne me manque que ma serviette fuchsia autour de la taille et je ressusciterais d'outre-tombe devant une foule d'Aztèques affamées, aux dents acérées, et en manque de bananes!

L'AMÉRIQUE CENTRALE

GUATEMALA

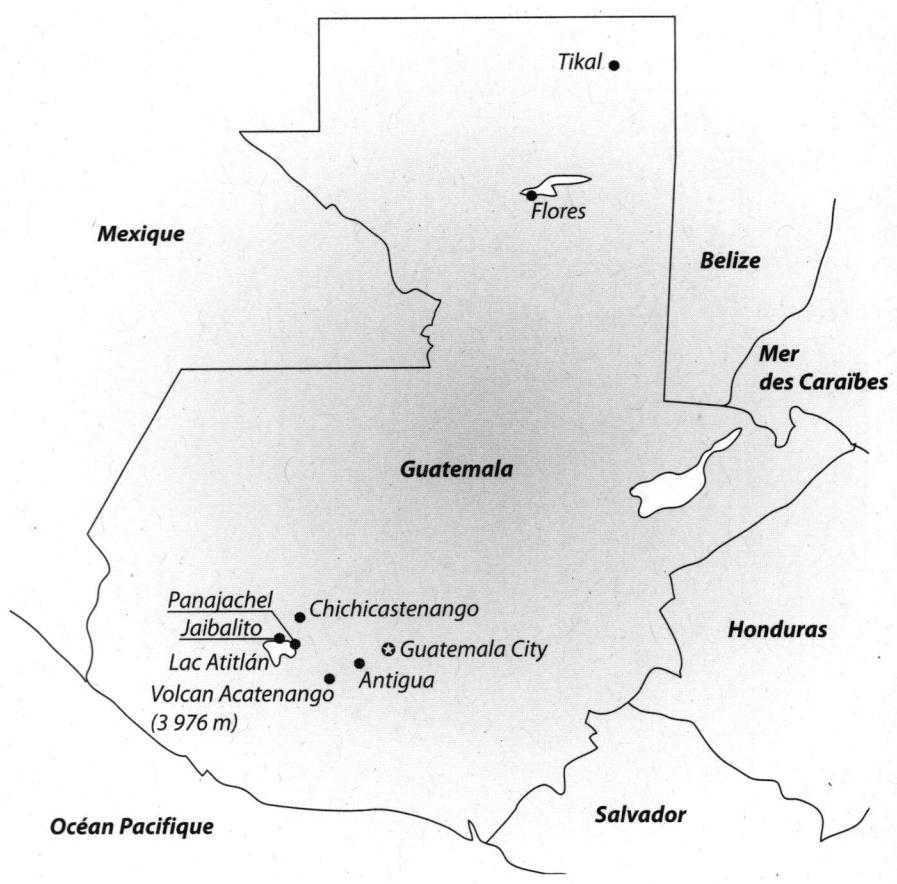

Tikal

Mexique

Flores

Belize

Mer
des Caraïbes

Guatemala

Honduras

Panajachel
Jaibalito
Lac Atitlán
Volcan Acatenango
(3 976 m)

Chichicastenango

⊛ Guatemala City

Antigua

Océan Pacifique

Salvador

GUATEMALA

À la rencontre de Ciel d'Orage, Patte de Jaguar et Seigneur Chocolat

JE SAVAIS QUE CETTE PREMIÈRE journée de voyage vers le Guatemala serait longue, très longue. Les durées de vols étaient tout de même raisonnables, mais on ne peut en dire autant de l'attente en transit de plus de huit heures à l'aéroport de Mexico. Une fois toutes les boutiques de sombreros visitées dans le terminal, que me restait-il à faire? J'avais le choix entre jouer aux quilles avec un ballon de plage comme boule et des bouteilles de bière *Corona* comme quilles, bavarder avec tous les animaux en peluche de la boutique Unicef ou profiter d'un moment d'inattention de la sécurité pour chiper le microphone de l'annonceur de service afin d'aviser les passagers que tous les vols étaient annulés. Naaah! Je restai plutôt assis bien sagement sur un banc.

Toutes ces heures à végéter m'avaient toutefois donné amplement de temps pour préparer un plan béton pour mon arrivée à Guatemala City. Au départ, je savais que mon avion devait atterrir vers minuit dans la capitale et que je devrais m'enregistrer aux alentours de quatre heures le lendemain matin pour mon vol vers Flores. J'avais pu ainsi déterminer que le temps de descendre de l'appareil, récupérer mes bagages, passer les contrôles de sécurité et les douanes, dénicher un hôtel à proximité, sauter dans un taxi pour m'y rendre, m'enregistrer, prendre possession de ma chambre, mettre mon pyjama, me brosser les dents et dire bonne nuit à l'ourson en peluche acheté à la boutique Unicef, le tout au carré, car je devrais répéter la plupart de ces actions pour retourner à l'aéroport, il me resterait…

39 minutes de sommeil! Bref, à l'aide de ces savants calculs, j'en étais venu à la conclusion que je devais trouver une autre solution.

À ma descente d'avion, je me fais copain-copain avec un préposé à l'accueil de la compagnie aérienne. Tout en prenant un air piteux, je lui explique ma situation et il s'empresse de m'offrir son aide. Alors que le groupe de passagers tourne à gauche vers la salle des bagages, nous continuons tout droit vers la zone d'enregistrement. Il me présente son oncle qui est chef de la sécurité de nuit à l'aéroport. Il accepte de me laisser dormir par terre dans le périmètre dédouané du bâtiment. Comme mesures de sûreté, j'ai déjà vu mieux, mais, chhhut!, c'est à mon avantage...

Après avoir délimité mon lit dans un coin de la pièce, il ne me reste plus qu'à aller aux lavabos pour faire ma toilette. J'aurai donc besoin de ma trousse de... de... de... zut! avec toutes ces combines, j'ai complètement oublié de récupérer mes bagages!

Le capitaine Reyes quitte son poste de commandement pour m'accompagner dans ce labyrinthe. Nous passons tour à tour dans la salle des radars où les responsables semblent plutôt s'amuser avec des jeux vidéo, les quartiers de l'escouade de contre-terrorisme et de libération d'otages et l'entrepôt des objets confisqués ou perdus. Ce dernier pourrait d'ailleurs être transformé facilement en grand magasin avec tous ces objets hétéroclites gisant pêle-mêle sur les tablettes : machettes, tubes de dentifrice à moitié vides, peaux de lézards, magazines érotiques et même une jambe artificielle! Nous arrivons enfin à la salle des bagages et je récupère mon gros sac qui tournait toujours en solo sur le carrousel.

❈

Je passe une dure nuit de sommeil, et ce, dans tous les sens du mot, un plancher de béton n'étant certes pas un matelas douillet dans une suite de luxe en bordure de la Riviera italienne. Je me lève tout de même en grande forme à l'idée qu'aujourd'hui je découvrirai les mythiques temples mayas de Tikal.

Un taxi me laisse à mon hôtel qui borde le parc situé en pleine jungle. La chaleur et l'humidité rendent l'air très lourd. Je me rends vers mes appartements et, quelle veine!, le balcon de mon logis est équipé d'un hamac!

Je fais donc un roupillon bien mérité, m'endormant aux sons de chants d'oiseaux inhabituels.

Bon, assez le flânage, allons visiter ce site archéologique unique au monde. J'arrive rapido à la place principale où acropoles et temples géants dépassant la cime des arbres dominent le paysage. Je grimpe l'escalier abrupt du temple II pour me rendre tout au haut où je m'isole dans un coin de la plate-forme. J'imagine comment pouvait bien être la vie des Mayas en ces lieux durant son apogée entre les IIIe et IXe siècles sous les règnes des rois Ciel d'Orage, Patte de Jaguar et Seigneur Chocolat.

– «*Hey K'inich, tu vas au* tachtli (stade) *ce soir pour voir la grande finale du* Pok-ta-Pok (jeu de balle)?»

– «*Tout dépendra K'awil si j'ai le temps de terminer mes semences. Ces foutues pluies ont ruiné mes champs de maïs.*»

– «*Allez, tu ne peux manquer ce match opposant deux des meilleurs joueurs de* Pok-ta-Pok *de tous les temps mayas, Chan Ma'Kin-ro et Han'Bai Ak'Assi.*»

– «*D'accord, d'accord, mais c'est toi qui paies le popcorn!*»

Je redescends les marches du temple et... de mon monde parallèle. Je poursuis ma découverte du site en empruntant des allées longées de *ceibas* (arbres) immenses. Je pénètre dans le secteur du *Mundo Perdido* (Monde Perdu) où la ménagerie s'est donné rendez-vous. Des perroquets verts qui jacassent de la pluie et du beau temps, des agoutis qui fouinent paresseusement dans les buissons et des singes qui se balancent à une vitesse folle de branche en branche à la recherche de fruits.

Toute bonne chose ayant une fin, je dois quitter à regret cet endroit magnifique pour revenir à mon point de départ, Guatemala City. En fait, je ne fais que visiter de nouveau son aéroport, car je saute illico sur un minibus privé qui me mène à Antigua.

L'ancienne capitale coloniale est bien jolie, mais je ne suis pas ici pour ses vestiges du passé, mais bien pour ses volcans. Je me promets de monter jusqu'au sommet de l'Acatenango à 3 976 mètres. Les informations glanées çà et là ne sont toutefois guère rassurantes. Des bandits suivraient les randonneurs jusqu'à ce qu'ils établissent campement avant de les vider de toutes leurs possessions. Euh... Je crois que je vais encore modifier mes plans !

✻

Comme la sécurité est aussi précaire dans certains bus et sur certaines routes du pays, je dissimule une grande partie de mes quetzales (monnaie guatémaltèque) dans mes bas. Je dois cependant avouer que, depuis ce jour, je ne crois plus à l'expression « *L'argent n'a pas d'odeur !* » Pour leur part, les passagers des autobus ont de l'odeur à revendre, ouf ! Nous sommes littéralement entassés comme des poulets dans ces véhicules. Normal donc qui les surnomme des « *chicken bus* » !

Hmmm... Comment décrire ces bidules sur roues ? Recyclez d'abord de vieux autobus scolaires des cours de ferraille de pays occidentaux. Bariolez-les ensuite de couleurs vives et disparates. Apposez des autocollants *Looney Tunes* un peu partout sur la carrosserie. Pour la décoration intérieure, choisissez avec soin les pompons, peluches et autres objets kitsch que vous placerez à des endroits stratégiques, c'est-à-dire là où ils risquent de pendouiller dans le visage des passagers. Finalement, collez une multitude d'images de la Sainte Vierge dans le pare-brise de façon à ce que vous ne voyiez plus la route. Voilà, vous êtes prêts !

Le bus marqué de ma destination, Chichicastenango, a l'air d'un hot-dog tout garni, soit jaune moutarde, vert relish et rouge ketchup. Je me faufile dans la mer de voyageurs pour atteindre le palier du véhicule. Tout en payant le chauffeur, je remarque une inscription tout près du volant : « *Dios es mi guía* » (Dieu est mon guide). Je suis rassuré par cette citation, car j'ai foi en vous mon agneau, conduisez-moi vers la Terre promise !

Or si « *Dios es mi guía* », « *Satán es mi conductor* » (Satan est mon chauffeur). Le mastodonte bondé démarre en trombe et file à toute vitesse dans des pentes abruptes parsemées de courbes en équerre. Le *loco furioso* (fou furieux) ne ralentit devant rien, même pas à l'approche de cette zone en construction. Le bus zigzague entre les ouvriers affolés. Soudain, il glisse sur une couche de sable et de gravier épandue sur la chaussée. Le véhicule se met dès lors à valser sur deux roues d'un bord à l'autre, à gauche, à droite, à gauuuche, à drrroite. Il retombe enfin sur ses quatre pneus. Je crois que j'ai tellement eu peur que je dois avoir pondu une douzaine d'œufs. À moins que ce ne soit pour cette raison qu'ils appellent ça des «*chicken bus*»?

Je ne suis pas fâché d'arriver à mon hôtel pour retrouver mon calme. J'entre dans ma chambre et on dirait que l'ameublement a été acheté dans une brocante de carnaval. Un édredon avec plus de couleurs que l'arc-en-ciel, une lampe en forme de jaguar à la queue branlante et un tronc d'arbre qui fait office de banc. Pourvu que le matelas ne soit pas bourré d'épines de rameaux? Non? Ouf!...

*

Au matin, je me lève du bon pied dans mon kaléidoscope. Comme le ventre me gargouille, je vais à la petite boulangerie du coin pour la bouffe du matin. À mon arrivée, il y a plusieurs hommes réunis tant à l'intérieur qu'à l'extérieur du commerce. Populaire, me dis-je, en me plaçant au bout de la file. Après plusieurs minutes à me tenir debout à l'extrémité de la queue et à voir l'air amusé des locaux, j'ose enfin poser la question.

— «¿ *Una cola? No señor. ¡Estamos aquí solamente para charlar!*» (Une file? Non monsieur. Nous sommes ici seulement pour bavarder!)

Le bedon rempli, je peux maintenant me diriger vers le marché public maya, un festival de couleurs où se transigent fleurs, fruits, légumes et artisanat. Au-delà des étals, le parvis de l'église est certes l'endroit de prédilection pour observer le quotidien de ce peuple, comme cette vieille dame aux traits ridés coiffée d'une couverture multicolore qui vend sa maigre récolte. Soudain, des *chuchkajaues*, des chefs religieux mi-prêtres, mi-sorciers, font leur apparition. Les chamans montent les marches de l'escalier en agitant des boîtes de conserve bourrées d'encens au point où je commence à sentir le poisson fumé. Alors qu'ils entrent par la porte principale, tous les «humains» doivent pénétrer par la porte latérale. Le spectacle présenté en vaut cependant le détour. Des hommes et des femmes récitent des prières à voix haute, agenouillés sur des dalles couvertes d'aiguilles de pin. Des offrandes, tels du maïs, des pétales de fleurs ou des bouteilles d'alcool, sont déposées un peu partout: par terre, sur l'autel et devant les statues. Tout cela sous un éclairage éblouissant de chandelles, de cierges et de lumignons.

❊

Je dois laisser derrière moi ce lieu unique pour attraper mon minibus qui me mènera à Panajachel en bordure du lac Atitlán. Une fois arrivé au village, je me rends illico au port pour prendre une *lancha* (barque). Les vues du quai sont tout simplement spectaculaires avec les volcans Tolimán, Atitlán et San Pedro qui surplombent le plan d'eau du haut de leurs 3 000 mètres et plus.

Je débarque mes sacs au petit bled de Jaibalito, car le but de ma visite dans ce secteur est de faire du kayak sur le lac. J'enfile ma combinaison hydrofuge, ma jupette sexy et ma veste de sauvetage, je ramasse des pagaies et les équipements de sûreté, prêt, allons-y! Je me pointe sur le quai avec tout mon barda. En l'espace de quelques minutes seulement, le vent s'était levé et soufflait avec vigueur pour former d'énormes vagues. Bon, je n'ai pas l'intention de jouer les Robinson Crusoé ici, d'autant plus que nous sommes lundi!

Comme j'avais déjà réservé mon bateau de retour, je rentre dès le lendemain à Panajachel. Ouais, ce village n'a pas reçu le sobriquet de «Gringotenango» pour rien avec cette mer déferlante de touristes du dimanche (un mardi!). Hmmm… Que faire, que faire? Tiens, un minibus marqué Gutamela City. Aussi bien m'y rendre de nouveau, cette fois pour visiter la capitale.

❊

Mon chauffeur me débarque directement à mon auberge. Une haute muraille de tôle couverte de fils barbelés entoure la maison. À peine le temps de cogner à la porte que la propriétaire me tire à l'intérieur. Maria-la-volubile récite son laïus à la vitesse de l'éclair. De ce que j'en ai compris, je suis dans un quartier pas très jojo où il fait mieux ne pas sortir de son abri. Au diable donc la visite!

Je m'installe dans ma chambre. Soudain, j'entends une voix provenir de mes talons:

– « Hey le cerveau ! Ça te dérangerait d'envoyer un peu de nourriture à l'estomac ? C'est qu'il est encore rendu ici pour nous exaspérer avec ses lamentations et ses gaz puants. »

– « Hey oh ! C'est pas ma faute Achille si je suis descendu chez toi. Tu sais que ce n'est pas un trip qui me plaît, mais, quand j'ai faim, j'ai faim ! »

– « Tiens, voilà un coupon pour un Big Mac ! »

– « Hey oh ! Cesse tes pitreries Achille sinon je me soulève pour provoquer des haut-le-cœur. »

– « Quoi ?, d'intervenir le cœur. Tu vas me donner des nausées, moi organe vital qui sue sang et eau pour vous ? Tu vas me faire pomper sac-à-merde ! »

– « Du caaalme, du caaaaalme !, de s'exclamer avec impatience le cerveau. Vous me donnez des maux de tête nom d'un ciboulot, voire parfois le goût de me faire flamber la cervelle ! En tant qu'organe de décisions et de règlements des différends, je vais ordonner à Jadrino de commander du McDo. Qu'est-ce que tu en penses la panse ? »

– « D'accord, mais n'oubliez pas, sans cornichons ! »

Je commence à avoir passablement faim. Ça doit être toutes ces courses, me dis-je. Je m'enquiers à la réception des options repas possibles en plein milieu d'après-midi. Maria m'indique qu'elles sont fort limitées, en fait il n'y a que la livraison. Je regarde donc les dépliants des restos qui se rendent en véhicule blindé dans ce secteur : pizzeria *La Huella de Tomate* (La trace de tomate), la rôtisserie *El Pollo del Granjero* (Le poulet du fermier) et McDonald's. Ouais, inspirant... Faute de mieux, allons-y pour du McDo. Je passe ma commande auprès de la préposée au téléphone :

– « *Un Big Mac sin pepinillos, unas papas fritas grandes y una Coca Light.* » (Un Big Mac sans cornichons, une grande frite et un Coca-Cola sans sucre.)

– « *¿ Un pastel de manzana con eso ?* » (Un chausson aux pommes avec ça ?)

– «*No gracias, yo no quiero pastel de manzana.*» (Non merci, pas de chausson aux pommes pour moi.)

– «*¿Esta seguro señor que no quiere un pastel de manzana?*» (Vous êtes certain monsieur de ne pas vouloir un chausson aux pommes?)

– «*¡Si estoy seguro de que no quiero un pastel de manzana, o de piña, ni un McCono, ni unas galletas de mierda!*» (Oui je suis certain que je ne veux pas un chausson aux pommes ou à l'ananas, ni un cornet de crème glacée molle, ni de biscuits de merde!).

Une quarantaine de minutes plus tard, un livreur en habit de camouflage jaune avec un gros «M» dans le dos sonne à la porte. Ses cheveux rouges dépassent de son casque et il porte d'étranges bottes qui ressemblent davantage à des souliers de clown. M'enfin... Je me fous carrément de ton habillement Ronald, donne-moi mes victuailles en échange de quetzales.

Je déchire mon sac de papier tellement j'ai faim. Je dévore mon repas comme un ogre. Une gorgée de boisson gazeuse, une poignée de frites, une bouchée de hamburger... une bouchée de hambur... une bouchée de hamb... Merde! Je viens de croquer dans un cornichon!

Bizarre, je ressens tout à coup de drôles de sensations : dérangements d'estomac, haut-le-cœur, maux de tête et douleurs aux... talons?!? Serait-ce la malédiction du chausson aux pommes guatémaltèque?

NICARAGUA

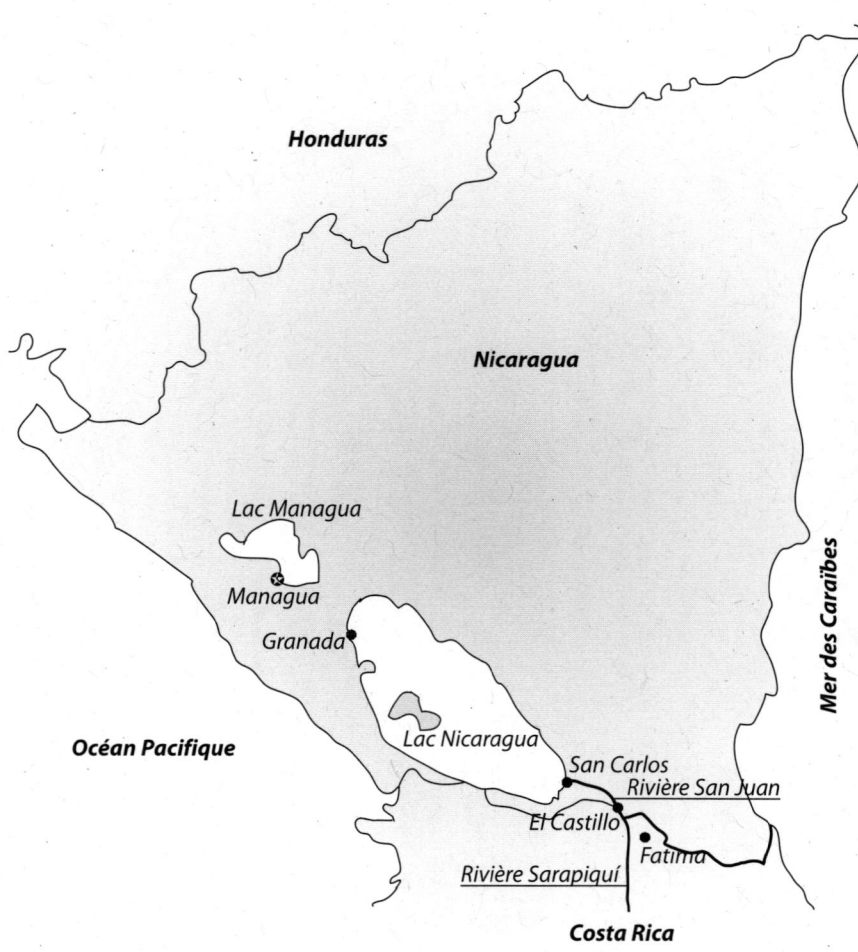

Honduras

Nicaragua

Lac Managua

⊛ Managua

Granada •

Océan Pacifique

Lac Nicaragua

San Carlos •

Rivière San Juan

El Castillo

Fatima •

Rivière Sarapiquí

Mer des Caraïbes

Costa Rica

NICARAGUA

L'art de modérer
ses transports

TOUT JUSTE SORTI DE L'AÉROPORT de la capitale Managua, j'observe la flotte de taxis et d'autobus en ruines qui attendent les passagers en transit. Au menu visuel, des tuyaux d'échappement crasseux, des carrosseries bosselées et des bouts de tôle pendouillant de toute part. Je me doutais bien que sillonner les routes du Nicaragua ne serait pas une sinécure compte tenu de ses modes de transport rudimentaires.

Je me risque tout de même à emprunter ces bidules sur roues jusqu'à ma destination première, Granada. Cette ville coloniale est fort jolie avec ses reliques du passé, ses toits d'argile et ses bâtiments colorés. Toutefois, même si elle semble tout droit sortie d'un film de Zorro, je ne passerai pas mes vacances entières ici à me faire aller le fouet !

Je pousse donc l'aventure vers mon objectif ultime, soit le sud du pays. Les choses se compliquent davantage côté déplacement alors que j'ai le choix entre prendre un avion bringuebalant rafistolé avec du ruban gommé qu'avait vraisemblablement piloté le Baron Rouge dans la *Luftstreitkräfte*, sauter sur un autobus rouillé multicolore qui doit slalomer habilement entre les nids-de-poule, que dis-je les nids d'autruche, parsemés çà et là sur la chaussée rocailleuse ou encore m'accrocher désespérément entre un mouton et une chèvre à un bateau surchargé qui pisse l'eau.

J'opte donc pour le rafiot troué, m'étant procuré la veille dans une brocante une suuuuuperbe veste de sauvetage bourrée de peluche fluorescente. La traversée de quatorze heures du lac Nicaragua jusqu'à San Carlos se fait sans trop d'embûches, si ce n'est de ce Pedro chantant à répétition *La Cucaracha* accompagné d'un banjo à deux cordes. C'est par la suite que ça se gâte… En fait, c'est comme si on avait envoyé de vieux dentiers dans une usine de sucres d'orge pour un mois, ouch !

❊

À peine le pied mis sur le pont glissant du bateau, mon gros sac à dos est effrayé à l'idée de passer par la mince ouverture qui donne accès aux sièges. Il heurte ainsi le fauteuil roulant d'une vieille dame, lui qui se dirige vitement vers la rivière en crissant à tue-tête. Tel Zorro, j'enfile d'un trait ma cape noire et je me projette d'un bond pour agripper le « fugitif ». Juste avant qu'il ne fasse plouf !, je réussis à saisir du bout des doigts une des roues du gros véhicule corrodé. Il était vraiment moins une, car je ne crois pas que cet engin vétuste soit équipé de coussins gonflables.

Ouf ! Je me remets lentement, mais sûrement, de mes émotions. Je regarde ma rescapée bien assise dans son siège et je me demande pourquoi elle a un « Z » griffé sur sa veste ?

Je m'assoupis en oubliant toutefois que ces cours d'eau ne pardonnent pas si on laisse traîner ses mains le long de la barque. On risque dès lors de servir d'appât pour des crocodiles affamés prêts à dévorer ces semblants de doigts de poulet avec beaucoup de sauce aigre-douce. De quoi tomber dans les vapes…

❊

« Madame, monsieur, bonsoir et bienvenue à une autre émission de *Porc & Port*, un concept qui ne boudine pas, euh pardon !, qui ne badine pas avec des tours de cochon. Aujourd'hui, ne soyez pas des téléspectateurs doux-amers, car nous allons concocter une sauce qui plaira certes à votre douce, la mère de vos enfants! N'est-ce pas Whilermine ?

(- Soupir -) Ah ! Quel farceur cet Herménégilde ! Votre humour ne manque certes pas de piquant ! Retirez simplement la gousse de l'ail, déshabillez l'échalote et coupez la nana avant de moudre le café. Mélangez tous les ingrédients dans un vieux casque de vélo, passez la sauce au mixeur avec un vieux tube des *Fine Young Cannibals* puis… ».

– « *Señor* »

– « *Hein ?* »

– « *Señor* »

– « *Hein ?... Quoi ?... Le Titanic a coulé, le Titanic a coulé ?!?* »

– « *Hemos llegado a El Castillo.* » (Nous sommes arrivés à El Castillo.)

Mon rêve me paraissait pourtant si réel...

❄

Encore les jambes vacillantes de toutes ces mésaventures, je me trouve enfin une chambre. En fait, c'est davantage un placard sombre au lit étroit recouvert de draps affichant des « bonshommes sourires ». Au bout se trouvent derrière un rideau de douche défraîchi les... toilettes ! Invitant !

Bien qu'accueilli par un cochon et un berger allemand, je trouve rapido le proprio, Francisco, caché derrière une revue *7 Dias* toute chiffonnée, un gant de cuir à la main. Après avoir baissé le volume de la télé où jouait une comédie burlesque avec un superhéros déguisé en coccinelle qui apprend par le bec du perroquet de la maison que son partenaire prend de la drogue, il me demande :

– « *¡ Hey chico ! ¿ Sabes jugar al beisbol ?* » (Hey garçon ! Sais-tu jouer au baseball ?)

– « *Euh... oui !* », ne lui disant pas que j'avais déjà joué au niveau élite dans mon pays.

Le Nicaragua étant l'un des rares pays d'Amérique centrale ou du Sud où le baseball est plus populaire que le foot, Francisco me prête tout de go un vieux gant tenant de peur avec des ficelles. Heureux, nous partons en gambadant main dans la main vers la campagne, là où se trouve le terrain de balle.

Ouais... On est loin du stade des Yankees ! Une clôture barbelée entoure la zone principale et l'abri des joueurs est fait de bois et de paille. Pis encore, le champ extérieur déborde d'énormes trous remplis de boue, un cheval amaigri y broute de l'herbe et les alentours sont décorés de gros tas de merde dudit cheval.

On m'envoie dans ce champ maudit, soit à quelques mètres seulement de mon nouveau voisin hippique que je surnommerai Petit Trot. Je viens à peine de prendre position, essayant toujours de m'habituer à mon gant de fortune qui a plus de trous que je n'ai de doigts. «Ping!», la balle est frappée en flèche dans ma direction. La petite boule file à une vitesse folle et j'ai à peine le temps de terminer ma conversation avec Petit Trot. J'ai un mauvais départ et je suis dans la merde dans tous les sens du mot. Je n'aurai donc d'autre choix que de plonger tête première pour capter du bout de la mitaine le précieux objet... Ouuuuuuut!

Je me relève souillé de tout ce brun. Après m'être essuyé les yeux avec des brindilles, je ne peux m'empêcher de voir au loin mes coéquipiers fous de joie, au grand dam de nos adversaires et au grand rire des spectateurs qui se promettent tout un après-midi avec ce *gringo* désopilant.

Après le troisième retrait, je reviens à l'abri. Mes nouveaux amis me donnent des tapes dans le dos à défaut de pouvoir me serrer la main, elle qui est encore salie de restants de foin digéré. Me croyant sûrement la réincarnation de l'ex-vedette nationale Julio «*Bicicleta*» Torres, je n'ai même pas le temps de m'asseoir qu'on me remet un bâton ou du moins quelque chose qui ressemble à une allumette en aluminium.

Je me présente à la plaque et je fends l'air deux fois, mes souliers étant encore glissants des «cadeaux» de Petit Trot. Je demande un temps d'arrêt à l'arbitre. Un jeune garçon me tend un vieux chandail traînant sur le bord de la clôture. Je reprends place. Le suspense est palpable. Le lancer...

«*Ka-tching!*», un coup de canon catapulté par-dessus mon compagnon cheval du champ droit qui en profite pour barrer la route aux voltigeurs venus récupérer la ba-balle. C'est l'euphorie dans l'abri et les spectateurs sont tous debout pour applaudir mes exploits alors que je contourne les sentiers, fier comme un paon.

La nouvelle coule comme une traînée de poudre au village où je deviens vite la coqueluche de l'heure. Je me fais saluer et offrir des *cervezas* (bières) à qui mieux mieux par de purs inconnus. Avoir eu un crayon et du papier à portée de main, je suis convaincu qu'on m'aurait demandé de signer des autographes.

M'ayant aussi reconnu, le propriétaire grassouillet du resto *Las Brisas* me fait cadeau de deux *camarones*, une espèce de méga-crevette de rivière. Méga vous dites? Sapristi, ce sont quasi des homards! Naturellement, l'assiette ne vient pas avec des pinces ou de petites fourchettes spéciales, noooooooon. Il faut essayer de décortiquer tout ça avec nos mains. Allons, sortons l'homme de Cro-Magnon en nous et... les serviettes de table!

Maintenant repu, je m'en retourne à mon auberge quand je vois le capitaine de mon équipe de baseball pratiquer cette fois au court de basket devant de nombreux jeunes agglutinés au pourtour du terrain:

– «¿ *Sabes jugar al basket?*» (Sais-tu jouer au basket?), me demande-t-il.

– «*Euh... oui!*», ne lui disant pas que j'avais déjà joué dans les rangs collégiaux dans mon pays.

Il me refile le ballon rond sur les lignes de côté et, sans même m'avancer d'un pas, je lance la balle de caoutchouc vers le panier. «*Switch!*», un trois points naturel sans toucher au cerceau ou au filet. Les yeux s'agrandissent de nouveau dans les estrades et je commence à avoir la trouille qu'on me kidnappe pour ne plus jamais me laisser sortir d'ici. On me permettra enfin de quitter le village après avoir accepté que l'on coule une statue à mon effigie sur l'esplanade centrale.

※

Je reprends place sur une longue barque craquelée mettant le cap plein est sur la rivière San Juan. Je vois disparaître peu à peu mes amis du moment qui étaient venus saluer mon départ. J'avais pris grand soin de questionner longuement les autorités portuaires pour m'assurer que je pourrais bel et bien faire un transfert par bateau jusqu'au Costa Rica à l'embouchure de la rivière Sarapiquí. On m'avait toujours répondu d'un ton ferme:

– «¡ *No problema!*» (Pas de problème!)

«¡ *No problema mi culo!*» (Pas de problème mon cul!), car, arrivé audit point, les gardes-frontière armés ne veulent pas me laisser traverser sur l'autre rive. Quoi? Comment? Pouvez-vous répéter? Le petit hamster se met dès lors à tourner à une vitesse folle dans la roue de mon ciboulot pour trouver une solution à cette autre merdouille.

Peu de temps après cet affront, le bateau s'arrête à Fatima au Costa Rica. Le bled compte seulement deux ou trois cabanes, dont une se veut un petit comptoir à boissons gazeuses, friandises et autres amuse-gueules. En fait, ce commerce se veut davantage une porte d'entrée pour les immigrants clandestins en échange de quelques *cordobas*, la monnaie nicaraguayenne, pour le boutiquier et le capitaine. Hmmmmm... On semble prêt à tout ici pour quelques *kopecks*, aussi bien tenter ma chance :

— «¿ *Perdone la molestia, conoce alguien que tenga un barco por aquí cerca ?* » (Excusez-moi de vous déranger, connaissez-vous quelqu'un avec un bateau près d'ici ?)

— «¡ *Claro ! Dáme unos minutos.* » (Bien sûr ! Donnez-moi quelques minutes.), me répond le mafioso improvisé, se frottant déjà les mains dans sa chemise bouffie et tapant du pied dans ses souliers en cuirette d'une autre époque.

Quelques minutes plus tard un jeunot boutonneux arrive dans une chaloupe déformée avec un moteur toussotant de peine et de misère. Bah ! C'est ça ou être pris pendant plusieurs jours dans un *no man's land* où la seule activité est de chasser le lézard à la fronde :

— «¡ *Vamonos !* » (Allons-nous-en !)

Au moins, je ne serai pas seul dans cette aventure, car, sur ces entrefaites, j'ai réussi à convaincre un couple de vieux Suisses — nous les appellerons Toblerone et Raclette pour protéger leur identité — qui s'étaient aussi fait monter le même bateau.

Nous partons donc avec notre vaisseau bizarroïde. Apou-pou-pou-pout... Apou-pou-pou-pout... Après que le moteur eut étouffé six ou sept fois sur notre trajet, il rend finalement l'âme, Aaaaamen ! Le courant nous ramène tranquillement vers notre point de départ, mais je réussis à saisir tant bien que mal au passage le poteau d'un quai perdu au milieu de nulle part. Notre moussaillon d'eau douce tente de redémarrer le moteur en tirant de toutes ses forces sur la ficelle de l'engin. Peine perdue, il devra marcher à travers champs pour tenter de trouver de l'aide.

Assis paisiblement sur le quai, je passe le temps en lançant des cailloux vers la rivière, tentant de viser maladroitement des crapauds. Je me demande toutefois ce qui est le plus pénible : la longue attente de plusieurs heures ou endurer ces deux vieux séniles helvétiques ? Toblerone, un bonhomme arthritique âgé de 71 ans, peine à se tenir debout. J'ai d'ailleurs dû le coincer entre deux pieux du quai pour qu'il ne tombe pas à la renverse. Quant à sa compagne Raclette, elle est une véritable folle à lier ! Mémé est pour le moment partie trottiner dans la plaine en brandissant un filet à papillons et en imitant le cri des singes. Enfermez-les dans une cage ¡ *por favor* !

La nuit tombe, l'air se rafraîchit. Mais le vent tourne enfin, car voilà au loin notre matelot qui revient avec une autre chaloupe pilotée par un capitaine douteux avec une casquette de *Contras* sur la tête et une machette à la ceinture. Au moins, le rebelle semble avoir de bonnes relations avec les gardes-frontière à mitraillettes qui nous laissent passer sans mot dire du côté costaricain. Le commandant me laisse ensuite devant une hutte abandonnée tout près de la frontière avec promesse qu'un autre batelier viendrait me chercher après la nuit.

Je pousse la porte de mon abri de branchages. Une nuée de chauves-souris affolées se précipitent illico vers l'entrée. Je reçois des gifles d'ailes partout sur mon visage. Une fois le défilé terminé, je peux enfin jeter un œil à l'habitation. Un matelas infect cerné d'humidité gît sur le sol en plein centre de la pièce. Des ordures sont empilées tout autour : des vieilles bottes de caoutchouc percées, des mégots de cigarettes jaunis, des restes de nourriture putréfiée, beurk ! Je pointe maintenant ma lampe de poche sur les murs, dé-gueu-las-ses ! Des taches de sang, des marques de projectiles, des traces laissées par les ongles, bel hôtel des tortures ! Je crois que je préfère nettement coucher à la belle étoile…

❄

Je me réveille aux aurores aux sons de cris de singes. À moins que ce ne soit ceux de Raclette, me dis-je en riant. Merde ! Je les ai complètement oubliés ces deux-là ! Toblerone doit encore être coincé entre ses pieux pendant que Raclette a probablement été adoptée par une famille de primates. M'enfin…

Je me dirige au quai et mon pilote est bien au poste. Voilà toutefois le hic : il demande le triple du prix généralement perçu pour un trajet similaire ! Ai-je vraiment le choix de gratter le fond de mes poches pour trouver les dollars américains réclamés ?

À tout le moins, il a un moteur fiable et, en moins de deux, me voici arrivé à Puerto Viejo de Sarapiquí. Autre hic, majeur cette fois : le Costa Rica n'a pas jugé bon d'installer un poste d'immigration à l'embouchure de la rivière où débarquent en moyenne quatre touristes zoulous tous les dix ans. Je n'aurai donc pas de tampon d'entrée au pays. À bien y penser, j'aurais peut-être dû m'établir à El Castillo...

COSTA RICA

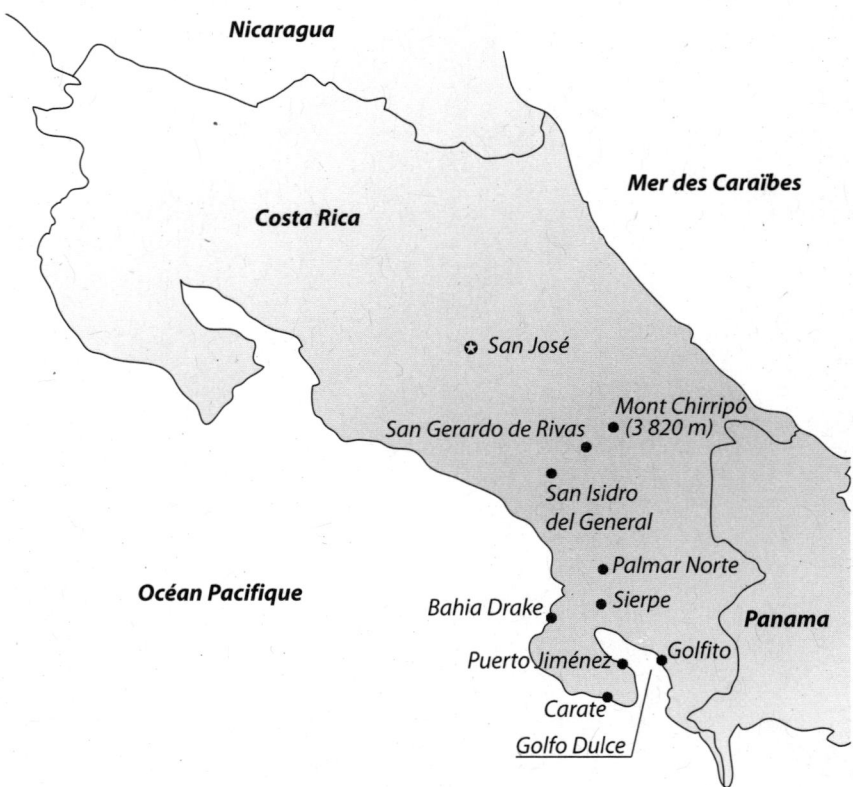

Nicaragua

Mer des Caraïbes

Costa Rica

⊗ San José

Mont Chirripó
San Gerardo de Rivas ● (3 820 m)

San Isidro
del General

● Palmar Norte

Bahia Drake ● Sierpe

Océan Pacifique

Panama

Puerto Jiménez ● Golfito

Carate

Golfo Dulce

¿ Pura… lluvia ?

MES MÉNINGES N'ONT CESSÉ DE TOURNER à fond durant tout le vol. Comment me rendre le plus rapidement possible de San José, la capitale du Costa Rica, jusqu'à la ville de San Isidro del General située au centre du pays ? Je sors ma calculatrice, mon compas et mon pantographe. D'abord, déterminer l'algorithme du simplexe en me basant sur le théorème de Pappus. Ensuite, appliquer les principes de Pythagore en divisant la longitude du point sur la carte topographique par sa latitude. Puis ajouter la racine carrée du polynôme non nul à coefficients entiers de l'altitude de la montagne la plus élevée sise dans un rayon de cinquante kilomètres de mon objectif. Voilà le résultat, ça devrait fonctionner !

L'avion se pose à l'aéroport Juan Santamaría. La porte du gros-porteur s'ouvre et c'est le départ ! Je déboule les marches de l'escalier d'aluminium qu'on vient d'appuyer sur l'appareil. Je file à toute vitesse sur la piste d'atterrissage jusqu'au bâtiment principal. Là, je lance mon passeport au douanier pour qu'il le frappe d'une jolie estampille. Je dévalise le distributeur de billets et saute sur un bus vers le centre-ville. Surprise ! Le véhicule est rapide et efficace, une denrée rare dans les pays d'Amérique latine. Arrivé dans la capitale, je devrai courir deux kilomètres supplémentaires jusqu'à un autre terminal. Je ralentis brièvement le pas pour lorgner les superbes Costaricaines, double ouf ! Je devrai toutefois accélérer dans la dernière ligne droite pour m'accrocher à l'autobus qui partait pour ma destination. Mission accomplie ! (Note de l'auteur : j'aimerais remercier Pappus, Pythagore et toutes les belles *Conchita* croisées sur la route.)

Le car me dépose en bordure d'autoroute à la brunante. Le temps de m'orienter dans San Isidro à l'aide de ma lampe frontale et me voici à l'hôtel visé. Tous ces exercices m'ont cependant ouvert l'appétit. Je laisse donc mon sac dans ma chambre exiguë et me dirige vers un resto recommandé par mon guide.

Je m'assois sur la petite terrasse du deuxième étage qui donne sur la rue. Les trottoirs sont animés de gens venus zieuter les magasins encore ouverts. Je scrute le menu et j'arrête mon choix sur un mets simple et expéditif : des *frijoles refritos* (haricots en purée), accompagnés de croustilles de maïs et, mmmmm !, d'une bonne bière froide.

Mon serveur revient rapido avec la boustifaille et une *Imperial* glacée. Faisant fi des apparences – des *frijoles refritos* ressemblant au mieux à un pouding au chocolat épicé, au pis à une tourista carabinée –, je plonge ma cuillère dans mon bol. L'estomac bien rempli, je peux dès lors siroter ma bière tout en admirant les divines citadines.

Comme diraient les locaux : « *las chicas ticas son muy lindas* » (qu'il faut traduire par : Les filles costaricaines sont très jolies et non par Linda mouille mon petit casque). À ce rythme, il sera plus que nécessaire de me procurer de la colle pour fixer mes lentilles cornéennes. « *¡Arriba chicas!* » (Vive les filles ! et non J'ai une érection les filles !, bien que...)

Après avoir soulevé la couverture avec mon « pieu de tente » improvisé durant toute la nuit, je me lève du bon pied. Je passe à la boulangerie m'acheter une « main de pain » avant de casser la croûte au terminal d'autobus en compagnie de charognards. Rendu à l'auriculaire, un bus marqué du nom de Puerto Jiménez se pointe le bout du nez. C'est ma cible, allons-y !

❧

La route de terre est cahoteuse, passant à travers champs. Au bout de six longues heures, j'arrive enfin à destination. J'arpente les rues poussiéreuses du village jusqu'à mon hôtel. Une affiche est collée à la porte de la réception : « *En el dentista. Regresaré en treinta minutos.* » (Chez le dentiste. De retour dans trente minutes). Rien ne sert de prendre le mors aux dents, attendons.

La proprio arrive la mâchoire enrubannée dans un épais linge blanc lui faisant ainsi des oreilles de lapin. Elle marmonne une phrase inaudible ressemblant à « la bitte se stationne dans ledit sexe ». Pardon ? Elle gesticule de toutes ses forces : « *la habitación dieciséis* », baragouine-t-elle en me présentant une clef pendue à un bout de bois. Ah ! « *La chambre seize* ». Fallait le dire, pas besoin de s'énerver !

Je dépose mes bagages dans la « bitte numéro seize » avant de partir à la découverte des environs. Je stoppe brusquement sur le perron de mon gîte alors qu'un déluge digne de Noé s'abat sur le bled. Je rentre à l'intérieur pour m'informer de la météo auprès de Gretel. Elle m'annonce que la région aura droit à la queue d'un ouragan jamaïquain pour les prochains jours et Dieu sait que les queues sont grosses en Jamaïque !

Bah ! Je vais mettre en pratique la devise du pays : « ¡ *Pura vida !* » (Vive la vie !). Je ne me laisserai donc certes pas arrêter par une petite perturbation atmosphérique. J'adapterai simplement mon costume aux conditions météorologiques : un imper jaune moutarde, un bandana bleu sur la tête, un short léger en tissu et des sandales. Prends garde à toi « Chac-à-canne » (Chac est le nom du dieu de la pluie chez les peuples mayas), j'arrive !

Malgré la pluie diluvienne, je ne peux m'empêcher de sourire à la vue de ces mignons petits singes capucins détrempés qui se balancent de branche en branche. Des poules ont quant à elles opté de se réfugier sur un vieux divan placé sous le toit d'un balcon. L'épicier du coin a décidé, lui, de faire tourner des disques de Noël pour chasser cette déveine.

J'entre dans ce commerce jovial. Je me tords d'abord sur le paillasson de bienvenue avant d'aller récolter quelques provisions pour le déjeuner : un pain, un fruit et un jus. J'arrive à la caisse quand, zut !, j'ai oublié de peser ma banane ! Je devrai donc refaire la queue après avoir déterminé le poids de mon plantain sur la balance du magasin.

Je vais dévorer mes trouvailles à l'intérieur des bureaux voisins du parc Corcovado. À la vue de mon état aqueux, le préposé sort illico un balai à franges pour éponger le plancher imbibé de l'eau dégoulinant de mes vêtements. Il me regarde d'un air bizarre, comme si un nudiste venait de pénétrer dans sa succursale. Merde ! Le pauvre bougre n'avait pas totalement tort puisque mon idée de mettre un short en toile beige par-dessus un sous-vêtement noir n'était pas la meilleure au monde.

Après avoir séché quelque peu, je m'enquiers auprès du gratte-papier de la condition du sentier pédestre de 54 kilomètres qui relie Carate à Bahia Drake. Impraticable, me répond le bureaucrate. Primo, le chemin menant au point de départ du sentier est complètement inondé. Deuzio, les pluies torrentielles ont fait déborder les rivières qu'il faut traverser à gué, si bien que les crocodiles ont maintenant envahi ce secteur. Laissez-moi réfléchir une nanoseconde… Je change mes plans !

Je fais un détour par le petit aérodrome de la bourgade pour étudier les alternatives. Aucune de ce côté, car tous les vols ont été annulés, la piste d'atterrissage de Bahia Drake se trouvant isolée du village vu la crue des eaux. Quel moyen de transport me reste-t-il dans une telle situation ? Le bateau que diantre !

Mon billet de traversier en poche pour la traversée du lendemain matin, je peux maintenant examiner les options d'activités pour occuper le reste de ma journée. J'avoue qu'elles sont fort limitées compte tenu des conditions météo. En fait, je n'en vois que trois : remonter la rue principale sur une planche à voile, grimper sur le toit de mon hôtel pour effectuer un double salto arrière avec une vrille à mi-chute ou me trouver cinq partenaires fémi-nines pour pratiquer des figures de nage synchronisée. Comme je ne trouve ni pince-nez, ni partenaires féminines pour faire la planche, je me résigne à une autre occupation dont je suis passé maître : manger !

Je déniche l'une des rares cafétérias ouvertes en ce jour de cataclysme. Comme il n'y a pas de fenêtres vitrées au bâtiment, je prends siège au fond de la salle pour éviter que les têtards barbotant dans les ruisseaux nouvellement créés ne viennent me chatouiller les orteils. Le serveur vient me porter la carte avec des palmes, un masque et un tuba. Il insiste pour que je prenne le menu du jour, car les camions de livraison sont bloqués sur la terre ferme. Voyons voir… En entrée, la maison propose un bouillon. Le plat de résistance sera composé d'un poisson fraîchement pêché servi sur un lit d'algues marines. Pour dessert, une mousse à l'eau de rose. Ai-je vraiment le choix ?

Maintenant équipé de flotteurs aux bras, le garçon vient ajouter au burlesque en me servant un verre... d'eau! Dans l'attente du repas, il ouvre le poste de radio où joue ironiquement la chanson du film *Titanic*. S'ensuivent *Here Comes the Rain Again*, *Raindrops Keep Falling on My Head* et, en prime, un vieux tube de Menudo, *Lluvia* (pluie). Bon, je crois avoir compris le principe de ce dîner thématique!

Je paie la note en argent liquide et quitte l'endroit encore sur mon appétit. Je hèle un bateau-taxi pour me conduire à mon hôtel. Soudain, paf!, tous les fusibles de la ville sautent d'un seul coup. Black-out total! Mon matelot de service sort un vieux briquet de la poche de son gilet de sauvetage. Clic... Clic... Cli-clic... Cli-cli-cli-clic! Rien à faire, nous devrons voguer à tâtons.

Tout à coup, j'aperçois au loin une lueur verte. Hourra! C'est le nouveau plombage fluo de mon hôtelière qui scintille de la sorte! Nous arriverons donc en un tournemain à mon gîte. J'entre dans ma chambre, trempé jusqu'aux os. Une fuite au plafond a transformé mon matelas en lit d'eau et ma pièce en petite Venise. Aussi bien aller me coucher dans le bain!

✻

Quelle mauvaise nuit de sommeil! Je me réveille ankylosé de toute part avec un nénuphar et une grenouille sur la tête. J'enfile mes bottes en caoutchouc pour regarder par la fenêtre. Il pleut toujours comme vache qui pisse. Le niveau de l'eau atteint maintenant près d'un étage. Le côté positif à tout ça? Je n'aurai pas besoin de me rendre au port pour prendre mon bateau, il passera me cueillir directement devant l'hôtel!

Je borde donc ma navette pour traverser le Golfo Dulce jusqu'à Golfito. Mon rafiot est une espèce de longue barque creuse faite de planches déteintes clouées les unes aux autres. Tous les passagers sont mis à contribution pour écoper le fond du bac. On me refile un seau percé et je jette autant d'eau dans le lac que sur mon pauvre voisin. À mi-parcours, le soleil tente une percée. Il réussira finalement à tasser ces méchants nuages gris. C'est l'euphorie!

Je débarque sur le brise-lame du port, les quais étant enfouis sous l'eau. Je me poste à l'arrêt d'autobus. Bien accroché au panneau, j'attends...

j'aaattends… j'aaaaattends… rien! Un local passe en chaloupe. Il m'informe que je devrai nager jusqu'au coteau afin d'emprunter un véhicule tout terrain surélevé. J'enfile mon bonnet de bain et je mets en pratique les conseils du vieux loup de mer. Une fois en haut de la butte, je plonge dans un véhicule sur son départ.

Le 4x4 doit zigzaguer entre des mégaflaques et contourner des amas de boue et d'arbres projetés sur la route par des glissements de terrain. Il arrive tout de même assez vitement au bout du chemin où un bus prend la relève. Après que le chauffeur eut distribué des scaphandres à tous les passagers, le car amorce lentement son épopée. La chaussée est toujours recouverte de dizaines de centimètres d'eau. J'observe par la fenêtre un jeune homme qui tente de circuler à bord d'une bicyclette. La rivière passe quasi par-dessus les pneus de sa bécane. Nous approchons maintenant d'un pont submergé. Le courant est fort et je n'ose penser au résultat s'il réussissait à faire basculer le véhicule. Notre peine est toutefois minime aux côtés de ces paysans dont les maisons et les champs sont engloutis sous ces flots.

Je débarque sain et sauf (mais non sec!) à Palmar Norte. Tout un contraste avec la côte que cette bourgade désolante et aride où le vent souffle crûment la poussière des rues. Bravo Mère Nature! Au lieu d'avoir l'air d'une lotte humide, j'ai maintenant l'apparence d'un zombie boueux!

Je me réfugie dans un motel miteux aux abords de l'autoroute panaméricaine. Je tortille mes vêtements un à un, je me passe une serviette autour de la taille et je me dissimule sous les couvertures. J'ouvre le poste de télé. Que des bulletins de nouvelles ressassant la catastrophe des derniers jours. Les publicités sont à tout le moins distrayantes. Ma préférée est certes celle où un jeune garçon, après avoir mangé une barre énergétique, frappe sur une *piñata* qui est du coup propulsée jusqu'en Chine où elle assomme un malheureux campagnard récoltant le riz. Pissant!

Las de répéter «si ces chaussettes chics en chinchilla sèchent chaque soir de cha-cha comme cette chéchia chiite, sors de sa chambre, chouchou, chasse ce chagrin incessant et ne sois pas si chiche, achète six ou sept chiens chow-chow» pour passer le temps, je pars à la conquête du village. Je m'arrête à la seule attraction du bled surnommée «les grosses boules de

Palmar». Datant de l'ère précolombienne, ces immenses sphères de granit peuvent en effet atteindre plus de deux mètres de diamètre.

Habitué de voir des grosses boules, je poursuis ma route vers une plantation de bananes. Je m'appuie sur la clôture quand un bruit strident me fait perdre l'équilibre. Deux superbes aras rouges viennent se poser dans l'arbre voisin. Ils profitent d'une brèche dans un filet pour picorer les fruits jaunes. Un gardien noiraud pas très «d'ôle», car armé d'un bâton, vient chasser les volatiles. Faut dire qu'avec de telles couleurs resplendissantes, j'ai déjà vu mieux comme camouflage!

❊

Aaah! Une bonne nuit de sommeil réparateur me fera cette fois nager dans la joie. De courte durée cependant, car, à l'ouverture des rideaux de la fenêtre, la pluie s'est remise de la partie. Je me rends tout de même en minibus jusqu'à Sierpe avant de transférer mes pénates dans une barque jusqu'à Bahia Drake.

Un orage prend la relève. La mer agitée fait tanguer vertement la petite embarcation. Le vent nous fouette le visage. Paniqué, le capitaine tente d'égayer l'atmosphère en promettant aux touristes blêmes qu'ils verraient des dauphins. Les mammifères marins ont sûrement préféré demeurer à la maison pour regarder des reprises télévisées de *Flipper* car, *niet*, pas de dauphins en vue!

Il a plu comme ça sans arrêt pendant quarante-huit heures. Les voies carrossables du village étaient inondées et les cours d'eau débordaient par-dessus les ponceaux. Bon, je ne resterai pas confiné à ma hutte en plein milieu de la jungle pour une deuxième journée consécutive. Allons, bravons la tempête! À ce stade-ci, je ne prends même plus la peine de mettre un t-shirt sous mon imper et le costume de circonstance sera un Speedo rouge bien ajusté.

Même si les animaux sont rares avec une telle température, il faudra bien qu'ils sortent eux aussi à un moment donné. J'emprunte un sentier à la végétation luxuriante longeant le Pacifique. J'y aperçois d'abord une maman capucin brandiller avec son rejeton sur le dos. Viennent ensuite des iguanes par-ci, des lézards par-là et des oiseaux par dizaines, dont assez de toucans pour colorer une boîte de céréales *Froot Loops*! Mais le clou de la journée sera certes la rencontre avec un morpho, ce splendide papillon d'un bleu étincelant.

Je reviens comblé à mon campement, au point où je m'amuse à faire le funambule sur un tuyau d'approvisionnement. Soudain, crrrrrrack! Le conduit cède sous mon poids engraissé aux *frijoles*, faisant ainsi gicler l'eau telle une fontaine. Quel cirque! J'aurais dû opter pour le rôle de clown!

Arrivé à ma cabane, une octogénaire délavée est en train de nettoyer ma chambre. Nous discutons et elle m'avoue qu'elle n'a jamais vu une telle flotte depuis sa naissance. J'en profite pour lui demander où elle cache son détergent à lessive. Vu son manque de dents, elle bafouille des indications confuses se rapprochant de «à gauche sur la tablette de la buanderie».

J'y apporte mes fringues souillées et je prends ledit flacon. Je trouve le liquide d'une couleur franchement bizarre. J'en mets tout de même dans le réceptacle de la machine à laver. Mes vêtements amorcent leur tourbillon. Curieux, il n'y a pas de mousse. Je regarde de nouveau sur la tablette et je vois sur la droite une autre bouteille avec l'inscription «*Espuma-Espuma: Detergente para ropa*» (Mousse-Mousse: Détergent pour les vêtements). Merde! Qu'ai-je mis dans mon eau? Je saisis d'un seul trait celle que j'avais prise: «*Don Limpio: Limpiador para tazas de baño*» (M. Net: Nettoyant pour cuvettes)!

La pluie a enfin cessé ses activités. Je me rends à la cantine de mon bivouac dans l'espoir de savourer les plaisirs de la bonne chère. Je m'assois à la seule place disponible, soit en face d'une jolie blonde charismatique, ooooohn, quel dom-maaaaa-ge! Avant même les présentations, je vois ma nouvelle compagne froncer les narines à répétition. Je ne peux la blâmer, mes vêtements sentent le citron à plein nez! Comment m'en sortir à mon avantage?

– «Bonjour, je m'appelle Hugo Boss. Aimez-vous notre nouvelle fragrance "Eau de toilette aux agrumes sauvages"?»

Parlant peu l'espagnol, Annaliese me demande de commander pour nous deux. Autre belle occasion de marquer des points. Hmmm! Hmmm! Prenant un ton quelque peu pompeux:

– «*Nous débuterons avec un* picadillo de chayote con arroz *(un hachis de viande, d'haricots, de tomates et de chayote, un fruit ressemblant à une poire-melon, servi sur riz), suivi d'un* ceviche del mar *(un mélange de poissons et de fruits de mer crus marinés dans du jus de citron, de tomates, d'oignons, de piments forts et d'herbes aromatiques) et, pour accompagner le tout, un grand pichet de* guaro con café rica *(un alcool, à base de canne à sucre, mélangé avec une sorte de* Kahlua *local).*»

Quant au dessert, attendons de voir si le *guaro* fera effet sur ma belle aventurière!

Le dîner se déroule à merveille quand, soudain, paf!, une panne de courant! Vite Jadrino, vite Hugo, vite Jadrino-Hugo, une solution! J'accours à ma hutte, me souvenant qu'il y traînait plein de bouts de chandelles. J'allume un des lumignons pendant que je fais fondre la cire des autres. Bon, que pourrais-je tremper maintenant dans cette mixture de paraffine pour en faire une bougie? Dans l'instant, j'entends un grattement sur le plancher de bois. Quelle veine, un *Proechimys semispinosus*! Ce rat à longue queue fera l'affaire!

Je reviens avec mon cierge à grande mèche et un bouquet de passiflores rouges cueillies au passage. Je prends l'une des fleurs du paquet et la noue aux cheveux de ma divine Allemande. Je la vois lentement succomber à mon charme. Comme le temps s'est rafraîchi, je lui prête ma veste pour qu'elle couvre ses épaules dénudées. Voilà, elle ne peut plus résister, il est temps de passer aux choses sérieuses. Juste comme j'approche ma main de sa cuisse, une curieuse odeur de roussi flotte à notre table. Merde de meeerde de meeeeerde! Les fesses de mon rongeur sont en feu et le mulot a maintenant le cul à l'air! Annaliese crie comme une hystérique:

– «*Rufen Sie einen Arzt! Rufen Sie einen Krankenwagen! Ich kann nicht atmen! Geben Sie mir eine Spritze! Geben Sie mir eine Spritze!*» (Appelez un médecin! Appelez une ambulance! Je ne peux plus respirer! Donnez-moi une injection! Donnez-moi une injection!)

Ma soupirante entubée plie bagage sur un brancard en bambou. Comment pouvais-je savoir, moi, qu'elle était allergique aux rats? Si j'avais su, j'aurais plutôt utilisé un écureuil. Quel con, quel con, quel cooooon! Dès que je rentre à la maison, je m'inscris à un cours de réanimation cardio-respiratoire !

※

Vu le crachin qui a repris de plus belle et le fait que ma nouvelle flamme a été héliportée dans un hôpital de brousse, je quitte cet endroit désastreux. Et dire que Bahia Drake est dépeint comme un petit paradis sur terre. Si tel est le cas, je réserve tout de suite ma place en enfer, au moins ce sera chaud et sec !

Après une autre traversée houleuse et un long trajet d'autobus, j'arrive dans un petit village nommé San Gerardo de Rivas. Mon intention est de grimper le mont Chirripó, le plus haut sommet du pays à 3 820 mètres. Comme il est encore tôt, que des rayons de soleil percent enfin le ciel et que je suis en manque flagrant d'activités physiques, j'attaque illico l'ascension du pic.

Je laisse la majeure partie de mes bagages en consignation dans une auberge, je ramasse quelques provisions au marché du coin et je me procure un permis de grimpette. À cet endroit, le garde-parc me prévient qu'il faut idéalement franchir la barrière d'entrée avant 10 h pour espérer atteindre le refuge sis au pied de la cime avant la nuit. Je regarde ma montre : 10 h 30. Écoute Pedro, j'ai tellement d'adrénaline emmagasinée dans les jambes que je vais filer comme une fusée !

Je pars sur les chapeaux de roue. Je rejoins en un rien de temps le début du sentier quelque deux kilomètres plus loin. À ce point précis, le sol passe de poussiéreux à un fleuve abrupt de boue. J'ai de la vase par-dessus les chevilles. J'avance avec peine en me poussant à l'aide de bâtons pour me sortir de ce merdier. Dans ces circonstances, la montée demande le triple d'efforts et de temps. Pour ajouter au scénario, ô surprise, il se remet à pleuvoir des cordes ! Décision, décision :

« Qu'est-ce que j'fais ? Qu'est-ce que j'fais ?
Je m'arrête ou j'continue ?
Où j'en suis ? Où j'en suis ?

TERRE-NEUVE – Vue de l'océan à partir du village de Saint-Lunaire.

WYOMING – Coup d'œil sur les chutes Lower Falls à partir du Artist Point dans le Parc national de Yellowstone.

WYOMING – Mon Westfalia OranJad devant les montagnes Grand Teton.

MEXIQUE – La migration des papillons monarques au Mexique est une expérience carrément unique, surtout quand ceux-ci me prennent pour un arbre !

MEXIQUE – Mon guide avec son bébé, sa sœur et sa mère devant… des haricots et un plat de tortillas!

MEXIQUE – Des femmes tzotzil devant la porte de l'église de San Juan Chamula.

MEXIQUE – Petite pause bien méritée lors d'une excursion d'alpinisme dans la Sima de las Cotorras.

GUATEMALA – Reproduction de traditions mayas devant le Temple I de Tikal.

GUATEMALA – Femmes mayas vendant leurs produits au marché de Chichicastenango.

GUATEMALA – Du quai de Jaibalito sur le lac Atitlán, on peut admirer le volcan San Pedro.

NICARAGUA – Mes hôtes à El Castillo: Le Vagabond et Babe.

NICARAGUA – Mon ami Petit Trot broutant dans le champ droit du terrain de baseball.

COSTA RICA – Est-ce le sentier
du mont Chirripó
ou un fleuve de boue?

PANAMA – Chargé comme une mule au début du sentier Los Quetzales.

ÎLES GALAPAGOS – Point de vue du sommet de l'île Bartolomé.

ÎLES GALAPAGOS – Un couple de frégates sur l'île Genovesa.

ÎLES GALAPAGOS – «*Ah non, pas encore lui avec son test de prostate!*»

ÎLES GALAPAGOS – Pendant que Madame restera au nid pour s'occuper de la progéniture, Monsieur «Fou Bleu» se prépare à aller rejoindre les mecs à la buvette!

PÉROU – Vue sur les montagnes de Pisac.

LAC TITICACA – Mon serveur passant devant l'église de la place centrale de l'île de Taquile.

LAC TITICACA – Mes amis de l'école de Taquile.

BOLIVIE – La bénédiction des voitures devant la cathédrale de Copacabana.

BOLIVIE – Les sources thermiques boliviennes plongent le visiteur dans un paysage surréel.

BOLIVIE – Entre ciel et terre, l'illusion est parfaite dans le Salar de Uyuni.

BOLIVIE – Des lamas broutant dans une steppe de Bolivie.

CHILI – Devant les paysages désertiques de la Cordillera de La Sal.

CHILI – Les paysages sont grandioses dans le parc Torres del Paine.

ARGENTINE – Devant le mont Fitzroy au Lago de los Tres.

ARGENTINE – Coucher de soleil sur la route entre El Chaltén et El Calafate.

ARGENTINE – Sur le glacier Perito Moreno.

ARGENTINE – En Terre de Feu, certains arbres poussent à l'horizontale vu la force des vents.

ARGENTINE – Des centaines de manchots de Magellan peuvent être observés sur certaines îles du canal Beagle en Terre de Feu.

À la fin ou au début?
Stop ou encore?
Encore... »

Après plus de quatre heures de marche ardue, j'arrive vidé au premier abri indiqué sur ma carte. Petit détail toutefois, cette cabane est en reconstruction, c'est-à-dire sans toit ni murs! Il reste encore quasi huit kilomètres avant le refuge principal. Décision, décision :

« *Demain, j'aurai cent cinquante ans,*
Qu'est-ce que j'fais? Qu'est-ce que j'fais?
J'marche dans la bouillasse
Ou j'me paie une pétasse?
J'deviens cloche
Ou j'prévois un vide-poche?
J'reste dans mon fiel
Ou j'fous le bordel?
Stop ou encore?
Stop! »

Je m'apprête à rebrousser chemin quand les travailleurs assemblant le nouveau bâtiment prennent en pitié le pauvre Canadien détrempé et croûteux (c'est moi, ça!). Ils m'offrent donc le gîte pour la nuit dans leur « magnifique » baraque de tôle. Bon, ce n'est pas la suite présidentielle d'un *Relais & Châteaux* mais j'accepte l'invitation!

Pendant qu'ils ramassent leurs outils, je me réchauffe du mieux que je peux en faisant quelques danses de salsa. Tout en pratiquant mes pas croisés, je me promets que, s'il continue à pleuvoir de la sorte, je prends le premier vol pour n'importe quelle destination soleil : le Mexique, les Antilles, même une cabine de bronzage au Groenland ferait l'affaire!

Bah! À quoi bon se tourmenter? J'économise sur la crème solaire et des gens paient des fortunes pour tremper dans des bains de boue.

Mes nouveaux camarades se joignent à moi pour le dîner. Jorge, le contremaître, est fort aimable et accueillant. Alejandro, le patron non officiel, joue au bouffon prétentieux. Braulio, timide et réservé, se fond dans le décor. Quant au petit Rodolfo, il se veut un disciple du faux chef, suivant ses moindres paroles et gestes.

Je devrai bien calculer mes rations, car je n'avais prévu qu'une seule nuitée en forêt. Mesdames, voici donc mon nouveau régime éprouvé par Weight Watchers :

> Petit-déjeuner : deux bananes écrabouillées
> Déjeuner : une barre énergétique
> Dîner : un bouillon oriental aux nouilles
> Dessert : vous voulez rire ?

Après une telle journée éprouvante, je ne suis pas fâché d'entrer à l'intérieur de la piaule pour aller au dodo. On m'indique mon lit ou, en d'autres mots, les planches de bois sur lesquelles je passerai la nuit. Ouais ! Je suis vraiment dans un hôtel « cinq étoiles », soit le nombre d'astres célestes que je peux observer par les brèches de la toiture !

Nous nous levons tous les cinq très tôt, voulant sûrement profiter de la rare présence de Monsieur Soleil. Je fonce ainsi à pleins gaz vers le refuge de montagne. Ouf ! Je franchis la porte de mon but juste avant le retour des averses. Je me précipite dans mon dortoir pour, aaah !, enfin !, me reposer sur un matelas. Ce sera de courte durée, car un jeune Japonais s'installe sur le compartiment inférieur de mon lit superposé. Mon voisin se met alors à mastiquer à tue-tête des sortes de croustilles aux sushis.

Comme je n'en peux plus de ces bruits et de ces odeurs de poisson pourri, je vais jouer au kamikaze à l'extérieur. L'ondée étant terminée, à l'attaque du Chirripó ! Je presse de nouveau le pas puisque nous sommes rendus en milieu d'après-midi. Je monte, je grimpe, j'escalade, oh hisse, oooooh hisse. J'aperçois finalement le drapeau costaricain flotter sur la pointe du piton : Yahouuuuuuu ! J'embrasse mes bâtons et, pourquoi pas, mes bottes. Je prends quelques photos, mais pas une seconde à perdre, car c'est déjà l'heure de la descente.

Je rentre au bercail à la lueur de ma lampe frontale. L'estomac me gargouille vu le peu d'aliments ingurgités depuis le départ. Avant le repas, je vais d'abord enlever mes chaussettes pour enfiler des sandales. Bordel ! J'ai assez d'ampoules pour éclairer un stade de foot de 60 000 sièges ! J'arrive en boitillant à la cuisinette et, quelle veine !, des grimpeurs avaient laissé derrière eux quelques emballages de soupe lyophilisée et de pansements pour les pieds. J'ajoute les petits sacs à mon bouillon et, tant qu'à y être, la soupe déshydratée. Voilà mon festin !

❋

Le coq de la basse-cour avoisinante avait certes le réveille-matin déréglé, car il s'est mis à hurler de façon cacophonique bien avant l'aube. N'ayant plus de grenades pour lui mettre dans le troufignon, je suis donc tôt sur le sentier. Le chemin du retour est tout aussi difficile, du moins pour la seconde portion du trajet. J'aurais d'ailleurs dû apporter mes skis nautiques pour slalomer dans toute cette boue. Si à tout le moins il y avait deux femmes fatales en train de lutter en bikini dans ce ring, cela aurait rendu le tout nettement plus agréable !

Après 45 kilomètres sur une pente au dénivelé de plus de 2 300 mètres, je ne suis pas fâché de franchir le fil d'arrivée. Je récupère mes bagages et je m'installe au petit resto de l'auberge pour savourer des *frijoles* et la bière du vainqueur. Je viens à peine de prendre une gorgée qu'un petit vieillard solide comme le roc m'aborde. Il enlève son chapeau et se présente : Hector Raúl Álvarez. Mon bon monsieur prétend avoir accompagné le missionnaire Agustín Blessing lors de la première montée enregistrée du Chirripó en 1904. Je l'invite à prendre siège et il me racontera des récits fascinants jusqu'à la tombée du jour.

Avant de partir, il me demande s'il peut me présenter sa petite-petite-fille Estella. Pourquoi pas ? Ça me fera de la compagnie entre deux bouchées de haricots. Une déesse aux cheveux bruns et au corps athlétique entre dans la salle. Elle se dirige vers notre table. Bouche bée devant tant de beauté, j'en échappe ma cuillère sur le sol. Je lui offre un verre de *guaro con café rica* qu'elle avale d'un trait. Nous discuterons autour de la divine boisson jusqu'à ce que le restaurant soit vide de clients. Plus le temps passe, plus nous nous rapprochons l'un de l'autre. Juste comme notre serveur est à renverser les chaises sur les tables voisines en vue de la fermeture, paf!, une panne électrique plonge le village dans le noir. Dans l'instant, j'entends un grattement sur le plancher. Baaah! Laissons plutôt la pénombre de la lune nous bercer toute la nuit…

PANAMA

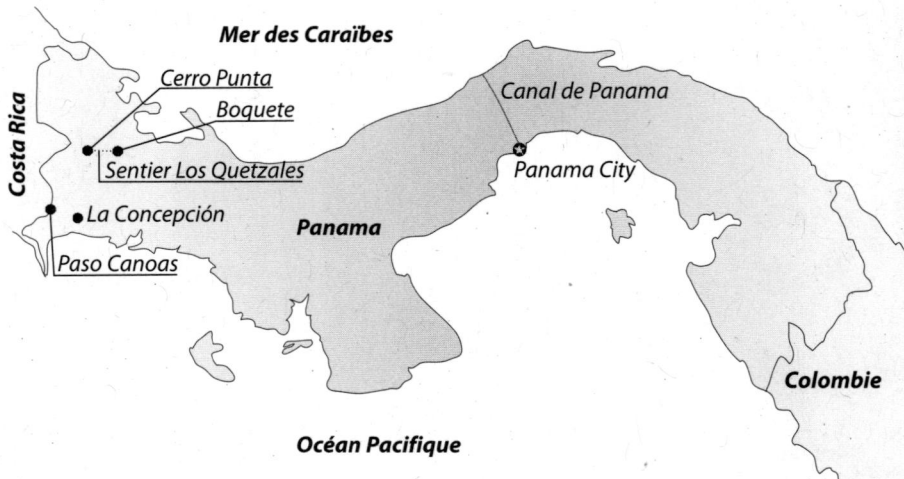

Mer des Caraïbes

Cerro Punta
Boquete

Costa Rica

Sentier Los Quetzales

Canal de Panama

Panama City

La Concepción

Panama

Paso Canoas

Colombie

Océan Pacifique

Sans queue ni tête

MON BUS SE GARE PEU AVANT la frontière séparant le Costa Rica du Panama dans un bled du nom de Paso Canoas. Ce village n'est certes pas une métropole avec seulement un ou deux édifices de bureaucrates et quelques cabanes pour assouvir les besoins des touristes. Il y a tout de même foule devant ce casse-croûte qui fait frire des viandes douteuses en plein air. Même chose pour cet étal de babioles offrant t-shirts, porte-clefs et poupées en chiffon aux couleurs des deux pays. On ne peut toutefois en dire autant de ce pauvre marchand qui concocte des *Daiquiris* en hachant à la machette un énorme bloc de glace avant d'y ajouter du rhum et des zestes de limes.

Le constat des longues files d'attente se transpose malheureusement aux guérites des douaniers. Je me place au bout de l'interminable rang. N'ayant rien d'autre à faire, j'entame une discussion avec mon voisin, un Américain du Texas prénommé Derrick. Le temps passe vite en compagnie de ce volubile et sympathique bougre texan. Comme quoi il n'y a pas que des «W. Bush» dans cet État du sud-ouest américain, il y a aussi des «Y. Débouche»!

Après les pluies diluviennes des dernières semaines, il fait bon cuire au soleil en cette chaude matinée. Voulant prendre un raccourci pour me rendre aux contrôles panaméens, je passe sous une espèce d'arche métallique. J'ai à peine mis le pied sous la structure que, paf!, des jets d'eau se mettent à gicler de tout bord, tout côté. Un gardien riant aux éclats m'apprendra que ce truc était plutôt une station de lavage pour les camions en transit!

Ayant l'apparence et l'odeur d'un chien mouillé, je me stationne cette fois à l'extrémité de la queue du contrôle des passeports pour l'entrée au Panama. Tout un contraste avec leurs homologues costaricains avec leur air bête bien en vue. Garde ta moue si tu veux gabelou à la gomme, mais estampille mon document.

Je rembarque dans un bus avec pour destination cette fois La Concepción afin de faire un transfert pour Cerro Punta. Le véhicule traverse de grands champs verdoyants où poussent fleurs et petits fruits. On me dépose au centre du village et je pars illico à la recherche d'un gîte. Mon arrêt initial n'est nullement convaincant au premier abord. Je frappe tout de même à la porte de cette cabane de bois ressemblant à la tour de Pise. Au bout d'une minute, une vieille ménagère se passe le nez entre les rideaux. Elle consent finalement à m'ouvrir l'accès.

J'entre dans ce taudis où les piles d'ordures côtoient les antiquités. Parlant de vieilleries, un pépé est casé dans un coin sur une chaise droite. Il fume comme un pompier au point de former un nuage gris couvrant tout le plafond. Le terne personnage m'invite à visiter la cambuse. Je sors un masque à gaz de mon sac et je le suis jusque dans la chambre d'invités. Un fouillis monstre! Des cendriers qui débordent de mégots, des bobettes blanches et brunes pendouillant des tiroirs et des rubans collants remplis de mouches mortes. Et que dire des chiottes? Une grosse bassine barbouillée d'excréments et plein de cafards qui n'ont pas encore été scotchés aux rubans. Si je la prends? Laissez-moi quelques siècles pour y penser...

Je choisis un motel plus coûteux, mais nettement plus invitant. Le bistro y est aussi plus attirant même s'il est vide de clients. Je me laisse tenter par le *arroz con pollo y coco* (riz frit au poulet parfumé au lait de noix de coco) accompagné d'une *ensalada rusa* (salade de pommes de terre, de carottes et de petits pois inondée de mayonnaise), de *frijoles* (haricots) et d'une *Atlas* (bière locale) bien froide. Le temps de capturer une poule et de secouer le cocotier, mes plats me sont servis dans des bols aux dimensions surhumaines. J'en mangerai à peine le tiers tellement le festin est gargantuesque. Ne reste plus qu'à m'écraser dans mon lit.

❉

Au matin, la présence du soleil, une denrée rare depuis mon arrivée dans la région, me fait bondir du lit comme un enfant le jour de Noël. Le temps de dire «prout» (désolé, mais le ventre n'a cessé de me gargouiller avec tous ces haricots ingérés) et me voilà prêt pour attaquer le sentier Los Quetzales. Il ne me reste plus qu'à trouver un moyen de transport pour me rendre à son commencement. D'abord, allons au distributeur de billets pour retirer quelques *balboas*. Je me demande d'ailleurs si c'est en l'honneur de Rocky qu'a été nommée la monnaie locale? Peut-être pour le personnage, mais certainement pas pour les scénarios «étoffés» du film:

> *«Adrian!*
> *Rocky!*
> *Adriaaaaan!*
> *Rockyyyyy!*
> *Tu es là?*
> *Je t'aime Rocky!*
> *Moi aussi je t'aime!*
> *Je t'aime! Oh je t'aime! Je t'aime! Je t'aime!»*

Les taxis tout-terrain qui acceptent de monter jusqu'au point de départ du sentier sont à la fois rares et hors de prix. Je m'informe donc auprès d'un paysan traînant une vache qui passe devant moi. Diego dit connaître un parent qui aurait un genre de véhicule pouvant faire l'affaire. Un genre de véhicule? Bah! Pourquoi pas? Suivons-le...

Nous arrivons à une ferme. Mon bon samaritain me présente son cousin Sergio. Nous nous dirigeons tous les trois derrière la grange où le consanguin tasse un amas de foin qui gisait sur un véhicule. Voilà le fameux bolide! Un petit camion d'une autre époque rongé par la rouille. Plusieurs pièces sont manquantes, dont une portière et le capot, et la plupart des pneus sont à plat.

– «¿*Funciona este chisme?*» (Il fonctionne ce truc?), osai-je lui demander.

– «¡*Como un flamante!*» (Comme un flambant neuf!), de me rétorquer fièrement le fermier.

Le moteur toussote longuement avant de cracher une épaisse fumée noire empestant l'huile usée. Le tacot se met dès lors à vibrer comme du mortier dans un malaxeur. Oups! Une autre pièce, cette fois le parechoc avant, vient de se décrocher du véhicule.

– « ¿ *Vamonos ?* » (Nous y allons ?), de me questionner Sergio.

– « *Euuuuuuh !* », marmonnai-je pendant de longues secondes. « *D'accord...* »

Je prends place dans la boîte arrière du camion aux côtés d'une cage à poules vide, d'un ancien bidon d'essence oxydé et d'une fourche sans dents. La route est dans un état pitoyable, pire que ce que j'avais pu imaginer. Les bosses et les trous me font bondir comme un athlète sur un trampoline.

À l'instar du véhicule, c'est à mon tour de perdre des morceaux, mon bandana et mes lunettes étant projetés dans la volière à gallinacés. Mon conducteur, tout comme sa bagnole, est toutefois tenace. Il fonce avec son tank de fortune dans une collection de roches et de cailloux parsemés dans une pente abrupte. S'il continue ainsi, me dis-je, sa guimbarde s'en va directement à la ferraille. Il persiste jusqu'à ce qu'un énorme arbre affaissé sur le chemin bloque sa route. Wow ! Ça vaut amplement les 10 *balboas* promis et, tant qu'à y être, j'ajoute une copie de *Rocky III – L'Œil du Tigre* et une autre de *Rocky V – Au pays des Soviets*.

Cet arrêt précoce me force toutefois à ajouter un kilomètre de montée ardue avec mon barda de 25 kilos sur le dos. Tout en sueur, j'aperçois enfin la cabane du garde-parc à l'horizon. L'ermite responsable m'accueille à bras ouverts, tout comme son chaton qui semble plus intéressé par mon sandwich au jambon. Je paie mes frais d'entrée et je remplis le registre des randonneurs. Mon montagnard pouvait bien être si hospitalier, car je suis le premier signataire du jour et il est presque midi !

Malgré un ciel couvert, cette rencontre me donne le carburant nécessaire pour entamer mon périple. Le sentier est fort joli et paisible, car seuls mes pas, le chant des oiseaux et les cascades de la rivière avoisinante perturbent la tranquillité des lieux.

Je m'arrête au mirador pour casser la croûte. Les vues y sont limitées en raison des nuages, mais je peux tout de même distinguer l'ampleur de cette nature luxuriante. Je m'apprête à déguster mon lunch quand je me rends compte que le méchant minet a mordillé mes tranches de pain, ma viande et mon fromage. Vilain sac à puces, tu ne perds rien pour attendre !

Je reprends la route en crachouillant tous les poils de matou ingurgités avec mon repas. Le second tronçon du sentier est plus boueux et en côtes descendantes. Heureusement, j'ai en mains mes bâtons de marche qui m'évitent plusieurs chutes. Je ne peux cependant toutes les esquiver et je m'engage à mi-parcours dans un toboggan de gadoue. Je file à toute vitesse jusqu'à un monticule où je suis catapulté tête première dans un terrier de lapin.

Après avoir volé une ou deux carottes au petit mammifère pour compenser le larcin du chaton, je poursuis mon patinage sur ce chemin vaseux. J'arrive à une rivière où, léger détail, il manque le... pont! Le fort courant avait en effet emporté la structure de bois, laissant seulement derrière lui quelques piliers fendillés. J'arpente les rives et je remarque un gros arbre tombé de part et d'autre du cours d'eau. Je me frotte le nez pour trouver une solution quand, ping!, j'ai une idée!

Hula-Hup Barbatruc! Je me glisse lentement sur le tronc avec pour seuls appuis mes fesses, mes pieds, les roches et mes bâtons. Mon équilibre est précaire, mais je réussis à franchir l'obstacle tel un fil-de-fériste étoile du cirque *Barnum & Bailey*. Ouf! J'arrive sain, sec et sauf de l'autre côté et je ne peux m'empêcher de remercier chaudement toute la famille Barbapapa pour les encouragements, tout spécialement Barbabelle, Barbibulle et Barbidou.

À peine remis de mes émotions, j'entends un bruit sourd similaire à un coup de canon provenir d'une clairière. Je m'approche à petits pas et, fausse inquiétude, il ne s'agit que de trois jeunes enfants bottant un ballon à moitié dégonflé. La cour entourant leur cabane de tôle a été transformée en mini-terrain de foot. Trois branches entrelacées font office de but, de grosses roches remplacent les gradins et un billot imite le banc des joueurs. Deux des gamins jouent pieds nus tandis que l'autre, sûrement plus riche, a droit à deux sandales, mais de forme et de grandeur différentes. Je regarde presto dans mon guide d'identification des groupes indigènes du Panamá et j'en viens à la conclusion qu'il s'agit de membres de la tribu des Ngöbe-Buglés.

Je m'avance doucement quand, crack!, je pile sur une branchette. Les bambins sont affolés à ma vue. Faut dire qu'avec ma glissade, j'ai l'allure d'un gros monstre gluant. Je leur fais bonjour de la main, mais ils restent terrés derrière les gradins improvisés. Je ne peux leur en vouloir d'être méfiants. C'est pourquoi je laisse par terre trois animaux en faux brillant : une poule, un chaton et un lapin. Je leur fais signe que ces autocollants sont pour eux. Mon sac rechargé, je poursuis mon chemin tout en jetant un œil par-dessus mon épaule. Ils sont tous trois autour des cadeaux et trépignent de joie à l'idée que le Père Noël soit passé avant l'heure. Ho!, Ho!, Ho!, les amis! Peu de temps après, je sors de la forêt. Je n'aurai pas vu de quetzal, mais le sourire de ces mômes valait bien n'importe quel oiseau à grande queue.

J'ai bien besoin de cette nouvelle dose d'énergie, car ma destination finale, le village de Boquete, est encore loin, très loin. Je prends mon courage à deux mains pour me hisser au sommet de cette autre montée éreintante. Mes jambes ont peine à suivre et plusieurs arrêts seront nécessaires pour donner des pauses à mes muscles. Je commence à en avoir ras le bol quand, miracle, j'aperçois enfin la cabane du garde-parc située à l'autre extrémité du sentier. Ma joie est toutefois étouffée rapidement, car mon hôte m'informe qu'il me reste encore plus de deux kilomètres pour atteindre l'embranchement de la route principale.

N'ayant nul autre choix, je continue mon épopée. Il n'y a quasi pas âme qui vive dans ce coin de pays. Soudain, je décèle au milieu de nulle part une enseigne à cercle rouge dans lequel figure une bouteille brune. Du *Coca-Cola* ? Ici ? Ça doit sûrement être un mirage…

Une Ferrari rouge fonce vers la petite échoppe. Une longue chevelure noire s'échappe de la fenêtre du côté conducteur. Le bolide s'arrête devant moi et la portière s'entrouvre, laissant paraître un talon aiguille noir au bout d'une longue jambe sensuelle. Une sexe-symbole en costume moulant s'avance en ma direction. Elle porte sa main à mon…

– « *¿ Tomaría una bebida señor?* » (Prendriez-vous un breuvage, monsieur ?)

Un petit commerçant corpulent à moustache et à chapeau de fermier me sort d'un trait de mon fantasme.

– « *¿ Tomaría una bebida señor?* », me répète-t-il.

– «*Tomaré agua*» (Je prendrai de l'eau), lui répondis-je d'un ton grognon.

Le marchand prend à son tour un air bourru et disparaît derrière le comptoir. Il revient après deux ou trois minutes avec un verre d'eau brunâtre où flottent des sédiments. Euuuuuh… merci?

Je profite d'un moment d'inattention de sa part pour arroser l'herbe devant sa cabane. Je fais un grand «aaah!» avec conviction tout en levant mon verre pour lui en boucher un coin. Je quitte les lieux d'un pas pressé, n'osant même pas lui demander s'il avait quelque chose à manger.

J'arrive la batterie à plat à la croisée des chemins. Un écriteau indique le village de Boquete vers la gauche à… dix kilomètres! Un autre panneau annonce aussi le bled à la même distance, mais vers la… droite!?!

Découragé, je me laisse choir sur le banc d'une espèce d'abribus. Je ne bouge plus d'une semelle tant et aussi longtemps que ne passera pas le prochain transport public, quitte à devoir passer la nuit ici. Pas le temps de dire «prout» (désolé, mais ce sont encore ces foutus haricots!) qu'un taxi rouge fonce vers le cabanon. Une longue chevelure noire s'échappe de la fenêtre du côté conducteur. Le bolide s'arrête devant moi et la portière s'entrouvre, laissant paraître… une botte de construction au bout d'une courte jambe poilue. Un sosie de *Cheech* et *Chong* à jean troué, à camisole tachée recouverte par une veste sans manches et à bonnet de couleur assortie s'avance en ma direction. Il porte sa main à sa poche et en sort un énorme rouleau blanc ressemblant à une fusée Ariane.

– «¿*Quieres un porro?*» (Tu veux un joint de marijuana?), s'enquiert-il auprès de moi, le regard vague.

– «¡*Euuuh, no gracias por el porro pero si por un taxi!*» (Euuuh, non merci pour le joint, mais oui pour un taxi!)

J'entre dans sa bagnole enfumée. Je distingue à travers le nuage de haschich un intérieur hétéroclite des plus rétro. Le tableau de bord semble tissé en laine d'alpaga teinte vert lime. Des dés en peluche rose et jaune pendent du rétroviseur. Un long tube métallique avec au bout un volant fait de chaînes sort du plancher. Je me tourne pour regarder derrière moi. Ah!

Au moins, le tissu qui recouvre les sièges est uniforme : tous sont habillés de peau de jaguar !

Nous décampons à vive allure et je me demande comment ce hippie des temps modernes peut bien faire pour voir la route à travers tout ce smog. La musique de Santana joue à fond la caisse, la machine sursautant à chaque note de guitare basse.

※

Mon chauffard privé arrive à toute vitesse dans Boquete. Il bloque d'un coup sec les freins directement sur le terre-plein central de l'avenue principale, laissant de longues stries dans les plates-bandes.

Je sors vitement du véhicule et je plonge aussitôt dans un stade semi-euphorique. J'entre dans l'épicerie voisine et je veux tout acheter ce qu'il y a sur les tablettes. Je m'empare d'abord d'une branche de céleri. Je me tiens debout en déséquilibre dans mon panier à roulettes et j'entame avec ma plus belle voix un pot-pourri des chansons d'Édith Piaf :

> « *Tu me fais tourner la tête*
> *Ma camelote à moi, c'est toi*
> *Marie-Jeanne tu me fais la fête*
> *Quand je fume de la marijuana !*
> [...]
> *Les conserves sur nous peuvent s'effondrer*
> *Et les pommes de terre peuvent bien toutes débouler*
> *Peu importe les aubaines*
> *Je me fous de ton dentier*
> [...]
> *Quand elle me sent sous les bras*
> *Ou qu'elle enlève mes bas*
> *Je mets du déodorant rose*
> *Elle me dit de faire l'amour*
> *Deux ou trois fois par jour*
> *Et moi ça me prend ma dose* »

Je ressors du magasin avec une facture de 107 *balboas* (les dollars américains locaux) et deux avertissements du gardien de sécurité. Je dévore le contenu de mes sacs tel un goinfre. J'enfile d'abord cinq gros saucissons au poivre avec autant de bouteilles de bière. Je dévore ensuite un baril de poulet frit avec une montagne de frites couvertes de sauce brune et un seau de salade niçoise. Je termine ma collation avec trois boîtes de pâtisseries et un demi-litre de lait au chocolat. Quoi ? Faut tout de même pas exagérer !

Après quelques rots, je me dirige au seul et unique attrait du village : la salle de billard. Je défie le matamore de l'endroit que je le bats les yeux bandés avec une main dans le dos. Je lui gage le reste de mes sacs d'épicerie contre sa jolie conquête de la soirée. Tout le monde s'attroupe autour de notre table.

Pour savoir qui commencera la partie, je lui propose un match de « roche-papier-ciseaux ». Ça commence bien, c'est moi qui l'emporte en lui rentrant du papier hygiénique dans le nez, des ciseaux dans le dos et des roches dans le derrière.

Je me positionne pour la casse. Ma future maîtresse affriolante m'apporte la craie. J'en mets au bout de ma queue et, scratch !, mon coup passe dans le vide, déchirant le tapis vert. Le temps d'appeler la couturière et on peut reprendre les hostilités…

Ma casse est fulgurante, la boule blanche étant propulsée hors limite pour s'arrêter sur la tête du serveur qui passait par là avec un cabaret rempli de verres. L'arbitre regarde dans les poches si j'ai entré une bille. Ma nouvelle partenaire revient mettre du bleu sur ma queue et je me contenterai de ses « petites boules ».

C'est au tour de mon adversaire de s'exécuter. Il entre coup sur coup les billes numéro trois, un et sept. Il rate ensuite sa combinaison et ce sera à moi de faire preuve de tout mon talent.

Je saisis le manche de ma tige comme une épée et je m'apprête à donner la botte. Ma baguette me glisse encore des mains et s'en va de nouveau percuter le pauvre garçon de café. Le temps d'appeler l'ambulance et on peut reprendre les hostilités…

Wow! Quel coup! La bille blanche fait une rotation sur elle-même, revient frapper une bande, cogne deux boules qui s'empochent et finit sa course en effleurant une troisième qui tombe dans un sac. Je suis en délire! Je nargue mon opposant en faisant tourbillonner ma baguette à l'image d'une majorette. L'arbitre vient me taper sur l'épaule.

— « ¡ *El problema señor es que haya entrado las bolas de su adversario!* » (Le problème monsieur est que vous avez entré les billes de votre adversaire!)

Meeeeeeerde! J'ai en effet fait disparaître les boules numéro deux, cinq et six!

Mon rival se pavane en fanfaron. Il ne reste plus que la bille numéro quatre à entrer et il pourra s'attaquer à la noire. Il réussit aisément ce défi et l'effet rétro sur la bille de choc vient la positionner à quelques centimètres de la boule ultime. La partie tire à sa fin. Il s'installe confortablement et aaa... aaaaa... aaaaaaatchouuuuuuuum! Mon salami au poivre me fait éternuer furieusement dans le dos de mon challenger. Ma mucosité nasale fait sursauter le vaniteux personnage qui frappe en dessous de la bille blanche qui atterrit directement dans la poche!

J'ai gagnééééééé! Je prends ma bien-aimée par la taille pour la faire valser et l'embrasser à bouche que veux-tu. Entre deux bécots, j'entrevois le taupin arriver avec une bande de fiers-à-bras pour me faire la fête. Ma chérie me tire vers la sortie de secours. Pendant que l'alarme se déclenche, arrive au loin une Ferrari rouge. Ma déesse du sentier est au volant et elle est... elle est... elle est la sœur jumelle de ma petite amie! Dieu que j'ai bien fait de cacher quelques craies bleues dans mes poches...

L'AMÉRIQUE DU SUD

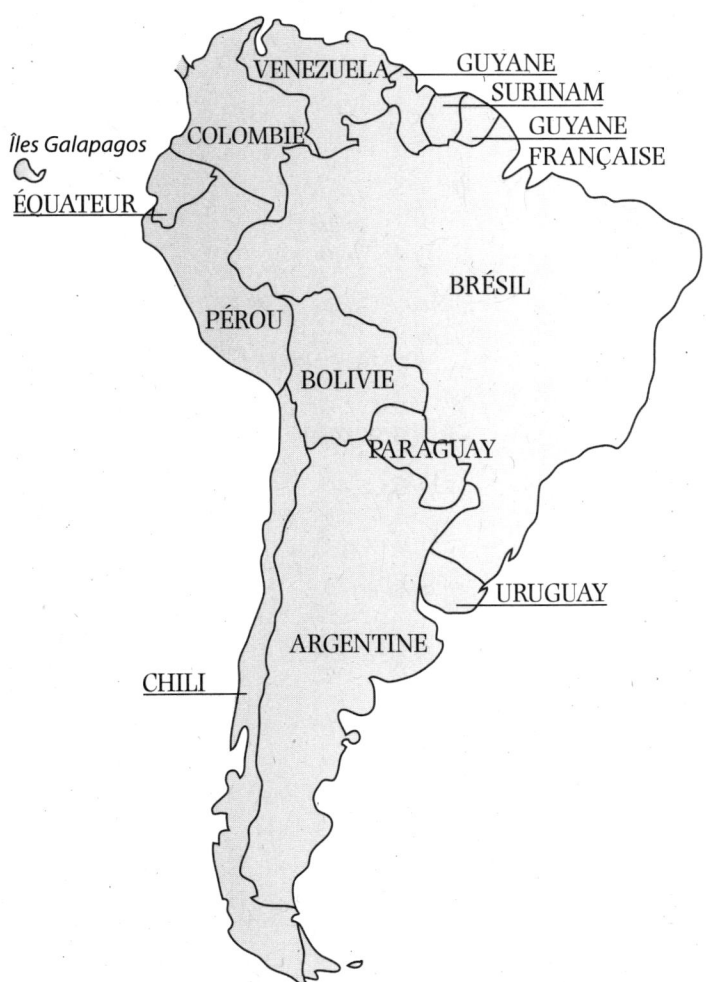

VENEZUELA
GUYANE
SURINAM
GUYANE
FRANÇAISE
COLOMBIE
Îles Galapagos
ÉQUATEUR
BRÉSIL
PÉROU
BOLIVIE
PARAGUAY
URUGUAY
ARGENTINE
CHILI

ÎLES GALAPAGOS

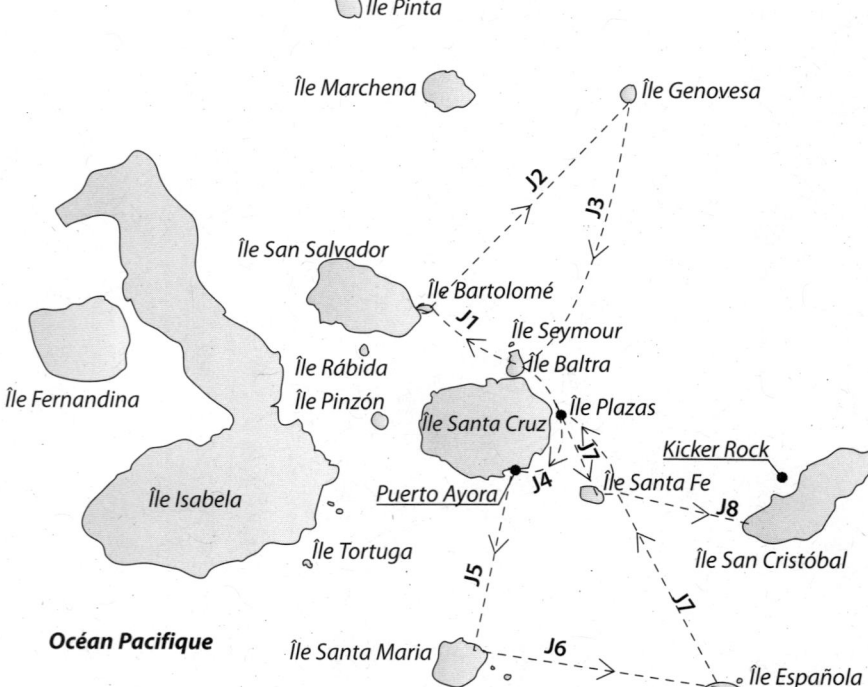

Île Pinta

Île Marchena

Île Genovesa

J2

J3

Île San Salvador

Île Bartolomé

J1

Île Seymour

Île Baltra

Île Rábida

Île Pinzón

Île Fernandina

Île Plazas

Kicker Rock

Île Santa Cruz

J4

Île Santa Fe

Puerto Ayora

J8

Île San Cristóbal

Île Isabela

J5

J7

Île Tortuga

Océan Pacifique

Île Santa Maria

J6

Île Española

Légende: J1 = jour 1, etc.

ÉQUATEUR

Îles Galapagos :
la croisière s'amuse ?

LE VOYAGE POUR LES FAMEUSES îles Galapagos, sises à environ 1 000 kilomètres au large des côtes de l'Équateur (qui est bel et bien un pays et non seulement une ligne équinoxiale séparant l'hémisphère nord de l'hémisphère sud), commence sur une bien drôle de note. Avant même mon départ en avion de New York, deux douaniers américains, chapeau de *Ranger* bien vissé sur la tête, air bête bien affiché sous des poils de moustache hirsute et revolver bien en vue à la taille aux côtés de bourrelets tout aussi visibles, s'attardent longuement à mon petit sac à dos. Que peuvent-ils bien y chercher : une bombe artisanale faite à partir d'une cannette de bière vide de marque *Canadian* ? Un kalachnikov semi-automatique autographié par Mikhaïl Gorbatchev ? Une poupée hawaïenne contrefaite dansant avec une jupe en osier et un hula hoop ?

Pendant qu'un me fait une fouille à nu avec des gants de caoutchouc aussi doux que des gants de crin, l'autre arrive en titubant avec un chien-pisteur, portrait tout craché de la mascotte de *Hush Puppies*. Tous les trois reniflent mon sac (à dos, j'entends !) et ils trouvent enfin l'objet maudit : mon sandwich ! J'avais pourtant pris grand soin de plier toutes les tranches de viande froide vers le sud, de choisir de la moutarde *« made in U.S.A. »* (bizarre toutefois qu'ils la nomment *French* !) et de mettre un extra cornichons en leur honneur. J'avais cependant oublié un détail fort important : faire passer un test de Q.I. au bœuf avant qu'il ne soit empaqueté sous vide pour m'assurer qu'il n'était pas fou.

– « OK, M. LeBœuf, prêt ? »

– « Meuuuh oui ! »

– « Quel est l'intrus : Grenouille ; Homard ; Pieuvre ; Poule ? »

– « Meuuuh, je ne sais pas meu-oi… La poule, car elle est la seule à ne pas vivre dans l'eau ? »

– « Mauvaise réponse ! C'était le homard, car, même mort dans notre assiette, il demeure heureux puisqu'on lui serre la pince et on lui mange la queue ! »

Oui, je l'avoue, je suis un terroriste extrême. Je vois d'ailleurs déjà la manchette le lendemain à la une de tous les journaux de la planète : « Détournement d'avion : pilote attaqué à coups de tranches de pastrami ! »

J'arrive tout de même sain et sauf à ma destination. Je suis toutefois quelque peu affamé vu la confiscation de mon lunch et la maigre pitance offerte en guise de repas à bord de l'avion, soit un sac de pistaches et un O.V.N.I (Odorantes Victuailles Non Identifiées).

Comme la plupart des grandes capitales sud-américaines, celle de l'Équateur, Quito, n'a pas grand-chose à offrir côté touristique, outre une statue décapitée d'un ancien dictateur et un musée de macramés. En fait, la pollution jumelée à l'altitude, la ville étant située à plus de 2 850 mètres au-dessus du niveau de la mer, sont quasi les seules choses à vous « couper le souffle ».

Qui plus est, ses habitants sont quelque peu bizarres. Ils semblent raffoler du poulet frit, mais pas question de se souiller les mains de toute cette graisse. À la commande au scooter du PFK local, on offre, à l'achat d'un *Trio Gallo*, non pas un chausson ou un petit jouet en plastique, mais bien des gants pour déguster le repas (ou un habit de scaphandre si vous détenez suffisamment de *huevos de oro* sur votre carte de points !). Le colonel Sanders devra donc repenser au grand complet sa campagne publicitaire pour ce pays. Au diable le slogan « *Bon à s'en lécher les doigts* », au risque d'avoir un goût de plastique dans la bouche ! Une mitaine aux pommes avec ça ?

❄

Je quitte tôt Quito (!) pour survoler l'océan Pacifique en direction des îles Galapagos, cette aire d'observation de la faune ailée, terrestre et marine unique au monde. Exempts de prédateurs, les animaux abondent tant en termes de nombre que d'espèces. Ils se laissent même approcher et photographier dans leur environnement naturel sans mot dire ou maudire. À sa sortie du bateau, il faut d'ailleurs faire attention pour ne pas mettre le pied sur une otarie se prélassant au soleil ou sur un nid d'oiseau bâti en plein milieu d'un sentier. En fait, c'est un peu comme aller au zoo, sans toutefois les cages, les distributrices à cacahuètes et les sapristi de singes qui nous font des grimaces bien à l'abri derrière leurs barreaux!

Je me rends le cœur joyeux au quai d'embarquement de l'île Baltra avec mon billet de «croisière» pour les huit prochains jours. Je monte à bord de la coquille de noix et je présente mon laissez-passer au capitaine ou du moins au seul matelot avec une casquette bleue à ancre jaune sur la tête.

Une fois à bord du petit bateau, je déboule les marches de l'escalier à 75 degrés qui descend dans la cale. J'entre tant bien que mal dans l'orifice faisant office de porte de ma cabine exiguë, elle qui doit bien mesurer trois bons mètres carrés. Je peux enfin me précipiter aux toilettes pour chasser cette incessante envie de pipi. Je dois toutefois exhiber mes talents de contorsionniste, car c'est on ne peut plus difficile de viser la cible quand tangue l'embarcation. Je fais le grand écart pour coincer mes jambes aux murs tout en me retenant d'une main au pommeau de douche.

Alors que je sors du cabinet les souliers trempés, j'arrive face à face avec un grand mince à lunettes. Doug, un jeune Anglais de Liverpool, sera mon colocataire pour la durée du voyage. Son air béat et lunatique lui donne une bouille sympathique. Ne lui manquent qu'un chandail rouge et un petit chapeau blanc et je me serais vraiment cru en compagnie de Gilligan! J'ai bien eu beau chercher les starlettes Ginger et Mary Ann sous le compartiment des lits superposés, mais en vain...

De retour sur le pont après m'être équipé d'un harnais et de cordes pour grimper l'escalier, je fais la rencontre de Ta-Ta-Tarren, une jeune bègue mal léchée et prétentieuse du Pays de Galles (est-ce qu'on dit Galloise ou Galeuse?). Peu importe, le prénom Tarren doit sûrement vouloir dire «Japonais» en gaélique, car *«Ta-Ta-Tarren is a-a-always ta-ta-taking pi-pi-pictures!»*. Même les pélicans la considèrent comme une calamité alors que l'un d'eux, quelque peu déplumé, décide de lui fienter directement entre les deux seins. L'excrément dégouline lentement derrière son chandail blanc griffé *Ralph Lauren*. Devant ce spectacle, je dois me rendre à l'évidence que cet oiseau est fort habile, car la cible était bien mince. Je regrette tant de ne pas avoir apporté de petits poissons pour récompenser ce palmipède émérite.

Que penser maintenant des autres passagers? Ici deux Allemands beigeâtres qui donnent des ordres à gauche et à droite tout en paradant leurs bas bruns dans leurs sandales. Là un Néerlandais «Joe-sait-tout», sûrement cousin d'un homard de par sa couleur, qui fait la leçon à tout le monde. Il y a aussi ce groupe de vieux Indiens au parfum de cari dont les saris restent accrochés à toutes les bouées de sauvetage. Sans parler du guide local prépubère qui tente de baragouiner quelques mots d'anglais, ses seuls termes se limitant à *toaster* et *hamburger*. Oui, on est loin de *La croisière s'amuse*! Qui plus est, il faut suivre cette bande d'énergumènes dans les sentiers où la vitesse moyenne frise celle d'une tortue arthritique à trois pattes, soit trèèèèèèès lente. Et cette Ta-Ta-Tarren qui commence à me tom-tom-tomber sur les nerfs en ta-ta-taboire!

– «*Di-di-di-did y-y-you s-s-s-see tha-tha-tha-that be-be-big tu-tu-tu-tu, tu-tu-tu-tu, tu-tu-tur-turrr-tle i-i-in th-th-the wa-wa-wa-wat-wat-wat-e-e-er?*»

Non, car le temps que tu le dises cette tortue avait sans doute eu le temps d'aller s'échouer sur une plage de Cuba!

À tout le moins, ça me permet de profiter de la naïveté de la masse pour faire quelques coups pendables. Mon préféré est certes de modifier au tableau de la salle à manger le nom des animaux qui pourraient être observés le lendemain sur les îles. Après le repas, le guide lit religieusement et pompeusement, comme à l'habitude, la fameuse liste: fous à pieds bleus, mouettes à queue fourchue, iguanes terrestres et... gorilles! Et mon Gilligan toujours aussi lunatique de demander quelle était la probabilité qu'on se fasse attaquer par un gorille!

Toutefois, le hic majeur des îles Galapagos et ce, dans tous les sens du mot, c'est que l'archipel trône en plein milieu de l'océan Pacifique où de gigantesques vagues font tanguer vertement les petites embarcations.

Or, pour éviter que les passagers ne remplissent toutes les poubelles du bateau ou offrent des restants de table non désirés aux poissons, mollusques et autres habitants marins, il faut dès lors naviguer de nuit quand tout le monde est étendu en accordéon sur sa couchette.

Pour illustrer le tout, imaginez-vous dans un lit d'eau d'un motel kitsch avec des miroirs au plafond, de la peluche rouge sur les murs et une toune de *Muzak* en bruit de fond. Ligoté comme un saucisson hongrois, vous insérez assez de pièces de monnaie dans la petite fente (je parle de celle du bidule vibromasseur du lit ici, pas de la vôtre, bien que je ne connaisse tous vos fantasmes!) pour que vous branliez pendant une semaine. Pour vous donner encore plus mal au cœur, on vous fait jouer en boucle le passage d'un film porno où deux centenaires tentent de se faire aller un tant soit-il le bassin, du moins jusqu'à ce que la mémé figurante ne se casse une hanche. Hein, vous êtes verts là vous aussi? Et vive les *Gravol*!

Pis encore, il y a les voyages à l'heure du souper puisque les matelots veulent s'empresser de rejoindre les rares îles habitées pour y coïter avec des «sirènes». Les assiettes et bols se mettent alors à valser de gauche à droite sur les tables. J'essaie tant bien que mal d'en attraper une bouchée au passage en souhaitant ne pas piger dans les plats surépicés des Indiens, au risque de devoir me jeter à l'eau pour éteindre le feu sortant de mes oreilles.

Bah! Je suis bien prêt à adopter pendant quelques heures la couleur d'un lutin *Gumby* fumà au Tandoori pour admirer ces paysages époustouflants et profiter des expériences phénoménales qu'offrent ces îles.

Une plongée en apnée permet d' y observer de près des crabes au rouge pétant converser dans une conserve, des petits manchots batifolant à deux ailes sur des rochers ou… le bikini-string d'une jolie Suédoise! À une autre occasion, j'ai même eu le privilège de nager à distance de bras avec une tortue de mer. Nous synchronisions le mouvement de nos pattes palmées respectives pour avancer au gré du courant.

Les randonnées en panga, un bateau pneumatique ressemblant comme deux gouttes d'eau à un raft, permettent aussi des observations sortant de l'ordinaire. Zigzaguant au milieu de mangroves touffues, on peut y voir des oiseaux de toutes sortes, des minirequins coquins et d'innombrables raies. D'ailleurs, je n'avais jamais vu autant de raies depuis 1989, soit la fois où mon robinet avait coulé à grande eau et que j'avais dû faire appel à plusieurs plombiers ventrus aux pantalons trop courts !

❉

La portion terrestre n'est pas en reste alors que je me fais sentir les jambes (mais, heureusement pour elle, pas les pieds) par une jeune otarie, je me balade au milieu de dizaines d'iguanes en train de se faire dorer la couenne sur une plage et je demeure bouche bée devant le choc des carapaces de tortues géantes. Ces monstres aux allures préhistoriques sont quasi incroyables vu leur grosseur. Les reptiles déplacent leur carapace d'un pas lent et lourd bien qu'ils gagneraient certes une course contre la montre contre mon groupe de lambins.

Toutefois, après une semaine sur ce bateau, j'en viens à me croire plongé dans le film *Le jour de la marmotte* tellement ça devient répétitif. De plus, je commence à m'ennuyer royalement de n'avoir pour seul compagnon de discussion qu'une frégate venant se poser de temps à autre sur l'antenne du toit.

— « Belle journée pour la pêche », lançai-je au grand oiseau de mer.

— « La pêche aux poissons, oui, mais pas la pêche aux nanas. Avec la fin de saison, j'ai beau me gonfler la poche rouge à bloc, les donzelles sont toutes parties au centre commercial pour profiter des soldes », de me répondre mon ami volatile volubile.

— « Pourquoi n'en profites-tu pas pour aller te secouer les plumes dans une discothèque de la Isla Pinzón ? »

— « Eh oh, ça va pas la tête ! L'île Pinson est remplie de drôles de moineaux plus gais les uns que les autres. Non, si je sors, j'irai sauter à Kicker Rock (le rocher du botteur). Il y a là un de ces clubs de strip-teaseuses, *L'Oiseau du Paradis*, ou-la-la ! Paraît d'ailleurs que la grande star internationale *L'Amazone poudrée des Caraïbes* y tient présentement la vedette. Tu viens ? »

– «Bof! Tu sais moi les "éplumeuses" et les morues, ce n'est pas vraiment ma tasse de thé.»

Ouf! Assez les hallucinations et amis imaginaires! Je crois vraiment qu'il est temps pour moi de débarquer de ce rafiot avant d'obtenir un billet aller simple pour l'asile!

PÉROU

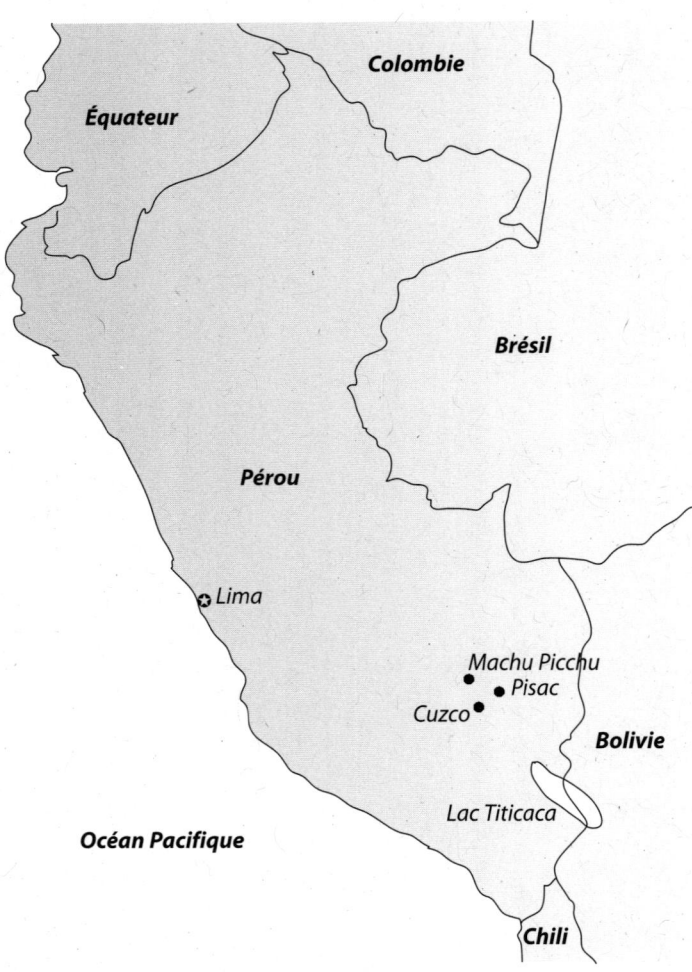

Sur les traces des Incas et de Zorrino Yupanqui

À L'INSTAR DE L'INFATIGABLE REPORTER Tintin de Hergé, je repars une fois de plus conquérir le monde. Je me dirige cette fois du côté du Pérou vers… «*Le Temple du Sommeil*, ce commerce inca spécialisé dans la vente de matelas usagés. Cette nouvelle aventure, rappelons-le, fut précédée des *Sept Boules de Crystal*, l'histoire d'une strip-teaseuse paraplégique dont l'augmentation mammaire finit en queue de poisson. Elle fut en effet frappée mystérieusement de boulimie à son retour d'une expédition dans des contrées profondes. Son ravisseur en manque de *Viagra*, le professeur Tournemolle, lui jeta un mauvais sort, soit de ressembler à Miou-Miou qui…».

Je sors vite de mes rêveries, ma bande dessinée repliée sur mon ventre. Une voix sourde crépite à tue-tête dans le haut-parleur situé juste au-dessus de moi.

– «*Señoras y Señores, el vuelo 714 para Cuzco aterrizará en diez minutos. Abrochen sus cinturónes de seguridad y gracias por elegir Aerolineas Hanaqpachas*» (Mesdames et messieurs, le vol 714 pour Cuzco atterrira dans dix minutes. Attachez vos ceintures de sécurité et merci de choisir les lignes aériennes *Hanaqpachas* [«ciel» en quechua].)

Mille millions de mille milliards de mille sabords, me voici enfin arrivé au pays des Incas!

Après avoir balayé du revers de la main tous les marchands de *guano* qui s'agglutinaient aux touristes comme des bougres de crème d'emplâtre à la graisse de hérisson, je parviens enfin à l'extérieur de l'aéroport pour héler un taxi. Une petite voiture rouge s'arrête devant moi. Au volant, un homme costaud au teint glaise vêtu d'un poncho et d'un bonnet de laine multicolores. Il porte au cou un collier en or étincelant.

– « ¿*Al centro cuanto?* » (Combien pour le centre-ville ?), lui demandai-je.

– « *Tawa* », me répondit-il.

Tawa? Taw-wa? Mais qu'est-ce que c'est que ça « *tawa* » ? Je révise vitement dans ma tête les nombres en espagnol : « *uno, dos, tres, cuatro, cinco, seis…* ». Je me rends jusqu'à cent, et toujours pas de « *tawa* » !

– « ¿ *Tawa?* », lui redemandai-je en fronçant les sourcils.

Il me montre sa main droite en levant quatre doigts. Aaaaah, *tawa* ! Bien oui, c'était pourtant évident, quatre en langue quechua.

Mon chauffeur est à la fois sage et efficace. Nous arrivons donc en moins de deux à destination. Il s'empresse de descendre du véhicule pour récupérer mon sac et le déposer à la réception de l'auberge. Au diable « *tawa* », voici « *soqta* » (six) !

– « ¡ *Yusulipayki!* ¡ *Yusulipayki!* », me répète-t-il avec un large sourire aux lèvres.

Gros merci à toi aussi moussaillon !

J'entre dans le gîte et un groupe de paysans colorés entoure la réception. En fait, ma nouvelle demeure est un refuge pour les fermiers venus vendre fruits, légumes, animaux et artisanat au marché urbain. Une fraction du prix demandé aux touristes sert donc à défrayer le coût du logement pour ces villageois.

– « *Combien pour la chambre?* »

– « *Chunka iskayniyuq* » (douze), me rétorque un gentil sapajou.

Je vide mes poches sur le comptoir. Tenez ! Prenez tout ce que j'ai, soit « *Chunka pusaqniyuq* » (dix-huit) et quelques « *yuq-yuq* » en monnaie.

– « ¡ *Yusulipayki!* ¡ *Yusulipayki!* », entonne en chœur la cohorte d'affables pédezouilles laineux.

Je quitte les lieux pour aller explorer Cuzco. Quelle ville charmante avec ses vestiges d'une autre époque et ses rues étroites et escarpées. J'arrive à la superbe Plaza de Armas (place centrale) entourée de ravissantes arcades et églises. Je m'assois sur un banc et j'aperçois deux drapeaux flottants derrière l'immense fontaine : celui du Pérou et un autre à sept bandes aux couleurs de l'arc-en-ciel. Curieux, me dis-je, un défilé gai dans les rues de cette cité ? Je feuillette mon guide et, aaaaah !, beaucoup plus logique, c'est le *Whipala*, le symbole de l'Empire des Incas.

Je prends ensuite mon souffle à deux mains pour grimper jusqu'à Sacsayhuamán, une ancienne forteresse inca perchée à 3 700 mètres, soit à plus de 300 mètres de ma position actuelle. La pente est raide et la respiration est courte. J'arrive de peine et de misère au sommet du long escalier. Wow ! L'effort en valait cependant le coût à la vue de tous ces énormes blocs monolithiques empilés les uns sur les autres zigzaguant dans un pré.

Je m'étends tout près sur une butte ceinturée de lamas. Je ferme les yeux, je tombe lentement dans les bras de Morphée. M'apparaît soudain un disque doré lumineux à visage humain. C'est la réincarnation de Inti, le Dieu Soleil :

– « Ouf ! Fait pas chaud aujourd'hui ! Ah, tu sais, avec les foutus prix d'électricité qui ne cessent d'augmenter, je dois abaisser le thermostat. Sans compter que ma femme, Pachamama, est en pleine ménopause. C'est pas jojo ça mon ami ! Elle rouspète sur tout et sur rien, elle grossit à vue d'œil et côté libido, ce n'est pas le Pérou ! Dis, tu n'aurais pas l'adresse du revendeur de Tournemolle ? Oh ! La voilà… Tiens, voici ma carte si jamais tu vas au Machu Picchu. »

Ouaiiiis ! Le Machu Picchu… Cette image occupera constamment mon esprit alors que je redescends les marches une à une vers la ville. À mi-chemin, un jeune homme, croyant sûrement que j'étais un flibustier de carnaval avec mon bandana noir sur la tête, m'attaque avec une branchette.

Eh, oh ! Du calme, du calme…

– « ¿ *Que paso en tu ciboulot muchacho ?* »

Après une brève escarmouche, je réussis à le maîtriser facilement vu sa petite taille. Je ramasse son bonnet de laine tombé par terre et l'aide à se relever.

— «*Discúlpeme Señor extranjero pero creía que era un forajido.*» (Pardonnez-moi Monsieur l'étranger, mais je croyais que vous étiez un hors-la-loi.)

Un hors-la-loi moi? Meuh non, mon pauvre mitrailleur à bavette. D'ailleurs, si j'avais d'autres «*yuq-yuq*» en poche, c'est avec grand plaisir que je t'en donnerais.

— «*¡Pero soy un guía!*»

Tu es un guide, toi? Tu m'as plutôt l'air d'un squelette de pantoufle. Je me mets à discuter avec Zorrino Yupanqui et il m'épate par ses connaissances poussées sur les origines des peuples andins.

— «*Connais-tu aussi la route des Incas?*»

— «*Si señor. Nací en la cima de Warmiwañusca.*»

Quoi? Tu es né sur le sommet du Warmiwañusca, le pic le plus élevé de tout le sentier? Laisse-moi aller au distributeur automatique de «*yuq-yuq*» et nous partirons de ce pas.

À peine sorti de la banque, je vois arriver au loin Zorrino à bord d'une petite voiture rouge. Au volant, un homme costaud au teint glaise portant au cou un collier en or étincelant. Il est vêtu d'un poncho et d'un bonnet de laine multicolores, lui qui… qui… qui ressemble étrangement à mon aimable chauffeur du matin!

— «*Jadrino, mi padre. Papá, Jadrino.*»

Quelle drôle de coïncidence! Ce gentil moussaillon est le père de mon jeune guide!

Nous arrivons rapidement au village de Chillca, le point de départ du sentier. Comme il se fait tard, nous montons un campement pour la nuit. Le paternel, Sinchi Yupanqui, décide de rester avec nous. Zorrino est un excellent cuisinier. Bien assis autour d'un feu, il nous sert d'abord de succulents *rocotos rellenos*, de gros poivrons rouges farcis de viande, légumes et fromage, accompagnés d'une sauce crémeuse exquise. Notre chef jette ensuite dans les braises de drôles de petits animaux enfilés sur des branches.

– « *Qu'est-ce que c'est ?* », questionnai-je.

– « *Cuy* », de me répondre Zorrino sous le regard amusé de son père.

Ah ! *Cuy...* Bah ! Pourvu que ça soit bien « cuit » !

Repu, je me retire dans ma tente et je ne peux m'empêcher de regarder dans mon dictionnaire espagnol ce qu'est ce fameux « *cuy* ». *Custodio, cuticula, cutre...* Ah ! Voilà ! *Cuy* : « *Nom donné au cochon d'Inde au Pérou. Spécialité culinaire andine.* » Gulp ! Je crois que je vais être malade...

Inti, le Dieu Soleil, fait alors son apparition :

– « Tu as mangé du cuy ? Chanceux va ! Ma femme ne me fait plus ce mets raffiné depuis qu'elle est dans sa ménopause. Coûte trop cher d'électricité qu'elle dit. Puis, as-tu vu le revendeur de Tournemolle ? »

Je me réveille en sursaut. Le soleil est levé. Je sors de mon abri et je vois Zorrino en train de couper des petits fruits à la machette. Son père est déjà parti avec des touristes. Je m'approche de mon jeune compagnon et j'observe longuement les aliments qu'il prépare. Des sortes de clochettes orangées qui, une fois séparées, laissent entrevoir un mélange gluant ressemblant à des spermatozoïdes. Inquiet, je ne peux m'empêcher de lui poser de nouveau la question :

– « *Qu'est-ce que c'est ?* »

– « *Granadillas.* »

Ah ! Granadillas, d'accord... Je m'empresse de retourner dans ma tente pour vérifier dans mon dictionnaire. *Gramófono, grampa, granada...* Ah ! Voilà ! *Granadilla* : « *Nom commun donné à une variété de fruits de la passion* ». Oufffff !

Après le petit-déjeuner, nous attaquons enfin la route des Incas. Les paysages changent au fil des pas, devenant de plus en plus beaux. Je suis tellement admiratif devant ce spectacle de la nature que j'en oublie que nous marchons depuis près de cinq heures. Nous arrivons dans un minuscule village isolé où plusieurs animaux errent en liberté : alpagas, chèvres, porcs. Zorrino me demande de patienter. Il revient moins d'une minute plus tard et me fait signe de le suivre.

Nous entrons dans une espèce de boui-boui improvisé. Nous prenons place sur des chaises en plastique vacillantes à la seule table disponible. Arrive une vieille dame aussi fragile sur pattes que ses sièges. Elle nous apporte d'abord deux petites assiettes craquelées et Zorrino m'indique qu'il s'agit d'*inchik uchu*, soit des racines de manioc bouillies accompagnées d'une sauce à l'arachide, au piment rouge et à la coriandre. S'ensuivent d'énormes bols remplis à ras bord d'un liquide écarlate. Du *puka picante*, m'informe-t-il. J'en prends une bouchée… Pas mauvais du tout ce ragoût de porc et ces pommes de terre assaisonnées de piments rouges et de betteraves. J'ai le ventre qui déborde, mais voilà notre hôtesse qui revient avec d'autres victuailles. Comment résister à cette bouillie de maïs nommée *tojosh api* ? *Api, api*, « api-plus-manger-moi », je suis gavé !

Nous reprenons le sentier et je me sens de plus en plus lourd à chaque enjambée. Non seulement je porte quasi un frigo sur le dos, mais nous grimpons vers Warmiwañusca, que l'on pourrait traduire par le « pic de la femme morte », trônant à 4 200 mètres. Je souffle péniblement, devant m'arrêter à maintes occasions. Allez, un dernier effort… Aaargh ! Aaaaargh ! Aaaaaaargh ! J'avance centimètre par centimètre et je ne peux m'empêcher de penser à cette bonne femme. Elle peut bien être décédée au sommet, sapristi ! Je traîne ma jambe jusqu'au faîte où m'attend Zorrino. Je n'ai même pas le temps de dire « ouf ! » qu'il me tire vers un rocher. Il essuie la poussière avec le bas de son poncho et je vois apparaître une inscription :

– « *A Zorrino, nuestro hijo. Te queremos. Tus padres, Sinchi y Suyay Yupanqui* » (À Zorrino, notre fils. Nous t'aimons. Tes parents, Sinchi et Suyay Yupanqui.)

Les yeux de mon jeune ami laissent couler quelques larmes. Je le prends par l'épaule et nous passons de longs moments en silence assis sur un bloc de pierre. L'air est frisquet. Les nuages s'accrochent aux montagnes comme des boules d'ouate. Il peine à parler. Entre deux sanglots, il m'explique d'une voix tremblotante que sa mère, Suyay, a rendu l'âme à cet endroit quelques jours après sa naissance. La rareté de l'oxygène, jumelée aux efforts de l'accouchement, avait miné subitement sa santé.

La lumière du jour s'efface peu à peu. Nous devons redescendre sur l'autre versant pour établir campement dans la vallée de Pacaymayo. Je resterai aux côtés de mon compagnon durant tout le parcours. Une fois sur place, je m'occuperai de monter les tentes et de préparer le repas pendant que Zorrino fixera d'un regard vide le ciel ombragé. J'ai toutes les misères du monde à allumer ce foutu réchaud. Finalement, nous nous contenterons de pain et de quelques morceaux de viande séchée. Après seulement quelques bouchées, mon camarade s'excusera et ira méditer dans son abri. J'ai aussi à peine mangé. De toute façon, j'étais encore bourré du festin du midi.

Seul autour du feu, je revis dans ma tête tous les moments intenses de la journée. Le pic, le rocher, les parents de Zorrino… les pa-RENTS de Zorrino… les PARENTS de Zorrino! Je plonge ma main dans mon sac et en sors précipitamment mon guide. Je me dirige illico vers la section où est dressée la *capaccuna*, soit la liste de tous les empereurs incas. *Yupanqui… Yupanqui… Yupanqui…* Ah! Voilà! Lloque Yupanqui (1260-1290); Capac Yupanqui (1320-1350); Pachacuti Yupanqui (1438-1471); Tupac Yupanqui (1471-1493). Zorrino est le descendant direct de souverains incas!

— «Grosse surprise hein?».

Bon, v'là Dédé Soleil maintenant!

— «Hé! Tu vas réveiller mon copain avec tes énormes faisceaux lumineux.»

— «D'accord, d'accord, je m'en vais. Mais tu peux me refiler un ou deux morceaux de viande séchée, tu sais ma femme depuis qu'elle est dans sa ménopause…»

— «Tiens, voilà. Assez, oust!»

L'astre solaire montre ses premiers rayons. J'ai toutes les difficultés du monde à me sortir de mon sac de couchage. Il faut dire que je n'ai pas passé une bonne nuit, ruminant encore les événements de la veille. Je flâne, tentant de me réveiller en me frottant les yeux, quand soudain la fermeture éclair de ma tente s'entrouvre. Zorrino y passe la tête et crie à haute voix :

– « ¡ *Feliz Cumpleaños* ! »

Bien oui ! Avec toutes ces péripéties, j'avais complètement oublié que c'était mon anniversaire !

❊

Zorrino a repris de ses couleurs et de sa vigueur. Il prépare énergiquement le petit-déjeuner. Après nous être régalés de pain, confiture et chocolat, mon fidèle compagnon s'en va derrière un amas de pierres. Il en revient avec un gâteau dans une main et un emballage doré dans l'autre. Il est tellement drôle et mignon, car il a improvisé une chandelle qu'il a déposée sur la sucrerie. C'est bien la première fois que mon dessert d'anniversaire est orné d'une fusée de détresse ! Tout excité, il me demande d'ouvrir mon présent. Je développe le papier chiffonné et, oh !… Je reste bouche bée, ému par ce geste. Zorrino m'avait confectionné un joli bracelet blanc et bleu identique au sien. Je m'empresse de l'enfiler à mon poignet et, après des accolades, nous reprenons la route.

Le temps se couvre. D'épais nuages gris accaparent le ciel. En un rien de temps, une forte pluie s'abat sur nous. Kon, le dieu du vent et de la pluie, se déchaîne en nous envoyant un véritable déluge. Nous pressons le pas dans des sentiers glissants et boueux. Nous ne prendrons même pas le temps de nous arrêter pour bouffer, croquant et buvant en marchant des barres et boissons énergétiques. Nous arriverons trempés comme des lavettes au campement de Wiñay Huayna. J'aide Zorrino à monter le campement à la hâte. Je me défile ensuite derrière un mur de roc.

– « Pssst ! Inti, Innnti… »

Il fait soudain son apparition en étirant paresseusement les bras et en bâillant.

– « Quoi ? »

– «Beau temps pour faire la grasse matinée!»

– «Quoi? Quelle heure est-il? 15 heures! Tu parles d'une nuit de sommeil! Pachamama a eu des chaleurs et n'a pas arrêté de tournoyer dans le lit...»

– «Laisse faire ta femme, que se passe-t-il avec ton fils Kon?»

– «Quoi? Il a encore fait des siennes? Ah, les jeunes! Tu ne peux pas les laisser seuls un moment sans qu'ils foutent le bordel! J'en parlais justement hier avec Pachamama que nous devrions l'envoyer dans un *Ayllu* (école) privé. Là, il se ferait botter le derrière pour ses bêtises et...»

– «Inti, assez de charabia. Envoie-nous donc quelques rayons.»

Le soleil se pointe enfin le bout du nez. La chaleur est certes bienvenue pour nous réchauffer et faire sécher nos vêtements. Le temps de se mijoter un petit repas, nous retraitons tôt dans nos tentes respectives, car demain est le grand jour: le Machu Picchu!

❋

Il fait encore nuit. Je regarde ma montre: quatre heures. Je sors de ma tente. Zorrino est déjà en train de préparer les bagages. Du chocolat bout sur le réchaud. Nous chargeons nos sacs sur nos épaules et allez hop!

À la lumière de notre lampe frontale, nous montons lentement une dernière pente raide. Il fait bon respirer l'air matinal. Inti se lève cette fois de bonne heure, soit juste avant que nous n'arrivions au sommet de l'Inti Punku (Porte du Soleil).

Quel spectacle inouï! Une vue panoramique sur le Machu Picchu que mon ami Dieu Soleil a peint de couleurs lumineuses. Après plus de 40 kilomètres de marche, Zorrino et moi sommes triomphants!

Nous descendons à la course vers cette cité grandiose d'une autre époque. Sur le chemin, je croise un lama. Il est couché sur un monticule gazonné et semble admirer aussi ce décor pittoresque. Je m'approche doucement pour le flatter et, sans crier gare, il me crache un jet au visage! Espèce d'imitation ratée de dromadaire mal empaillé, j'aurai bien ma revanche... À la vue de cette péripétie, Zorrino ne cesse de se payer ma tête. C'est bien ainsi, car, sans toi mon bon ami, je ne serais pas dans ces lieux carrément magiques.

Nous nous dirigeons ensuite vers un grand quartier organisé autour d'une place. Nous entrons dans un immense quadrilatère en ruines formé de blocs de pierre. Selon Zorrino, ce serait ici qu'aurait habité celui qui a ordonné la construction de ce merveilleux site, l'empereur Pachacuti Yupanqui.

Si tu savais Zorrino, si tu savais… Nos aventures ensemble sont loin d'être terminées. Nous nous reverrons très bientôt, je te le promets…

LAC TITICACA

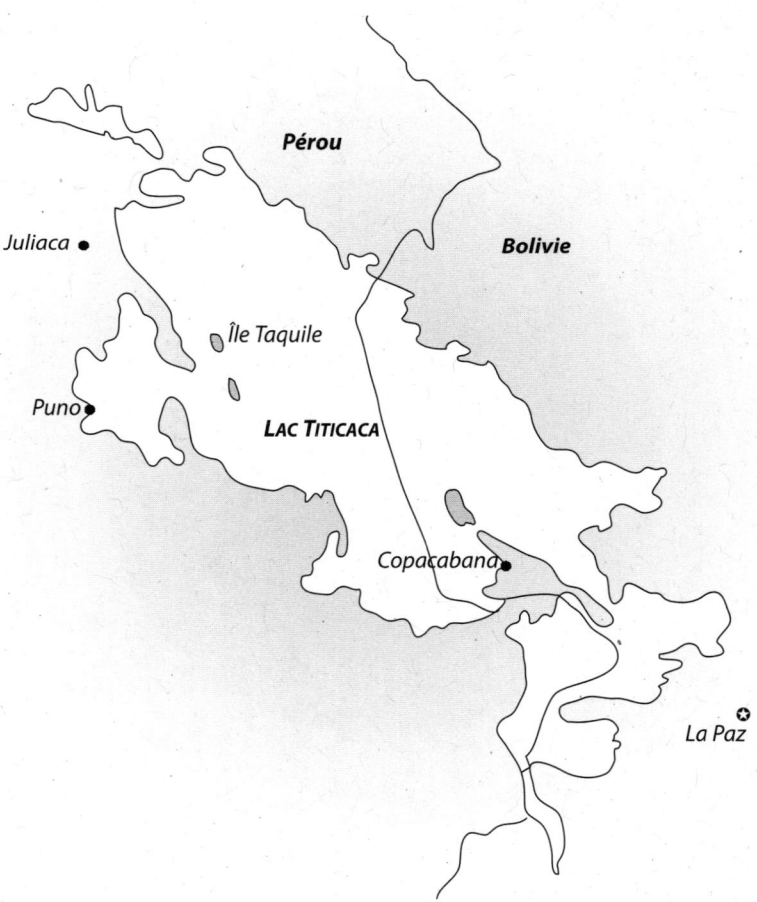

Sur les traces des Incas et des nymphettes du lac Titicaca

VOILÀ DEUX ANS que je n'ai pas exploré cette région du monde. La dernière fois, je vivais des moments uniques, voire magiques, avec Zorrino Yupanqui sur le sommet du Warmiwañusca et au Machu Picchu.

L'avion dans lequel je prends place descend doucement vers La Paz, la capitale de la Bolivie. L'aéroport de cette ville enclavée dans la vallée de Chuquiago Marka se veut le plus haut du monde à 4 061 mètres. Ainsi, l'appareil doit d'abord se faufiler adroitement entre les montagnes Huayna Potosí et Nevado Illimani, deux géantes de plus de 6 000 mètres. Je prie pour que le pilote n'ait pas oublié ses lunettes.

> « *Notre Airbus et ses essieux,*
> *que ton commandant soit sanctifié,*
> *que ton fuselage tienne,*
> *que ta carlingue ne s'écrase ni sur terre ni au ciel.*
> *Donne-nous aujourd'hui un atterrissage sans détour.*
> *Pardonne-nous nos dépenses,*
> *Comme nous pardonnons aussi à la boutique hors taxe*
> *Qui nous a fait dépenser.*
> *Et ne nous soumets pas à un crash d'avion,*
> *Du moins à un qui ferait trop mal.*
> *Amen.* »

Ouf! Les pneus du gros-porteur touchent le sol. Je peux enfin respirer, du moins pour quelques minutes, car, double ouf!, cette altitude est étourdissante.

Ma tête se met à tourner comme un carrousel en folie, mon cœur bat à l'image d'une batterie dans un groupe de *speed metal* et j'ai des nausées à en remplir tous les petits sacs en papier de l'avion.

Je me dirige lentement vers un kiosque à journaux. J'achète une poche de feuilles de coca, une autre de cendres de pommes de terre et un litre d'eau bouillie. Je m'effondre sur un banc pour y préparer ma potion magique et de grosses chiques pâteuses. Je transfère mes pénates aux toilettes où j'ingurgite ma potion magique aux côtés d'un urinoir vu les effets diurétiques de mon philtre. Entre deux gorgées, je mastique vigoureusement mon autre mixture. Mon *muma coca* semble fonctionner, mais je crois avoir mis un peu trop de feuilles de coca, me plongeant ainsi dans un état d'euphorie. Les culottes aux genoux, j'entonne à tue-tête une longue lamentation dans le cabinet d'aisances.

– « Eh oooh ! Innnti, Innnnnnnti. Mon Inti-ti à moi. Où es-tuuu que j'en aie la berluuue ? »

– « Hé Jadrino ! Ça fait une mèche ! J'en parlais justement hier avec ma femme que nous devions t'inviter à dîner un de ces quatre pour... »

Je l'interromps brusquement :

– « Deux ans exactement mon Dédé ! Puis, comment va ta Pacha-ma-ma, hé ! Pacha-ma-ma, oh ! Pacha-ma-ma, *come on*... », chantai-je tout en faisant quelques pas malhabiles issus des années disco.

– « Pachamama ? Super ! Depuis qu'a cessé sa ménopause, elle est redevenue une fringante poulette ! Parlant de cocotte, aurais-tu flirté avec ma fille Mimi Coca ? »

– « Ouuuep ! Quelle gonzesse, oooooh monsieur ! Qu'elle m'a fait tourbillonner la tête cette nana ! »

Je me fais réveiller par un bruit sourd et intense. Quelqu'un frappe violemment et à répétition à la porte. Je reprends mes esprits, ramasse mes affaires et me relève du sol. Je regarde ma montre... Merde ! Ça fait plus d'une heure que je suis enfermé là-dedans !

Je sors de ma cache. Deux espèces de *guanacos* mal peignés, un policier bourru et un homme se dandinant de gauche à droite tout en tenant son froc, sont au comité d'accueil. Je leur fais une grimace en me pinçant le nez, question qu'ils comprennent qu'il ne faut pas entrer dans ma zone sinistrée. Fier de mon coup, je presse le pas et quitte les lieux.

Je saute dans un bus en marche en direction de Copacabana. J'ai l'impression que tous les passagers me regardent et qu'un projecteur est braqué sur moi. J'enfile donc mon costume à paillettes et dès que commence la musique, j'y vais de ma meilleure imitation de Barry Manilow :

> « *Her name was Lola, she was a showgirl*
> *She would merengue and do the cha-cha*
> *At the Copa, Copacabana*
> *The hottest spot north of Havana*
> *At the Copa, Copacabaaaaana*
> *Music and passion were always the fashion*
> *At the Copaaaaa....they fell in love* »

– « *Siete bolivianos* » (Sept bolivianos – monnaie locale), de trancher le conducteur.

Oups ! Dans toute cette hâte à l'arrivée, j'avais complètement oublié d'aller au distributeur automatique de billets. Je m'apprête à passer le chapeau pour ma performance quand j'y pense :

– « *¿Dos dólares americanos está bien?* » (Deux dollars américains, c'est correct ?)

– « *Si, pase, pase.* » (Oui, passez, passez.)

Je prends place aux côtés d'une dame emmaillotée dans un châle aux multiples couleurs. Elle porte un genre de petit chapeau melon. Son visage en terre cuite est craquelé par le temps. Sur ses genoux, un sac rayé en plastique rempli de légumes de toutes sortes : des carottes immenses, des épis de maïs chevelus, des pommes de terre difformes, quelques poivrons bicolores et des herbes aromatiques enivrantes.

Le bus s'arrête déjà au terminus de Copacabana. Avec tous ces arômes, le trajet s'est fait en un tournemain. Je devrai toutefois me résigner à empester le basilic, la coriandre et le *k'ochayuyu* pour quelques jours.

Je me dirige vers le centre-ville quand j'aperçois un attroupement aux alentours de la jolie cathédrale de style mauresque. Je me faufile à travers la foule pour assister à un... spectacle aux allures de carnaval! Un prêtre à longue soutane blanche est posté devant le capot ouvert d'un minibus rouge décoré de guirlandes et de fleurs. Pendant qu'il récite ses prières et qu'il lance de l'eau bénite, un vieil homme à casquette tourne autour du véhicule avec un encensoir fumant. Famille et amis sont parés de leurs plus beaux habits pour participer aux célébrations. Après que le curé eut terminé ses minauderies, tous et chacun lancent au camion des pétales de fleurs et l'aspergent de vin mousseux. Le chauffeur achève ensuite de boire tous les fonds de bouteilles et, hop!, au volant pour aller conduire tout ce beau monde à la maison. L'alcool? Pas de danger, sa voiture est désormais bénite!

Comme cette routine burlesque se répétera toute la matinée, je décide plutôt de gravir la colline du calvaire. La vue sur la bourgade coincée entre deux monticules est certes intéressante. Les coups d'œil du lac Titicaca sont toutefois les plus fabuleux. Une étendue d'eau grandiose que le soleil fait miroiter de tous ses feux. Je me pose la tête entre les mains et je me remémore une légende inca :

« Le diable, jaloux de la tranquillité des hommes vivant dans cette vallée, leur dit d'escalader la montagne, ce qui était interdit par les dieux. Surpris par les *Apus* (dieux de la montagne), des pumas furent libérés pour dévorer toute la population. Anéanti, Inti pleura sans s'arrêter pendant 40 jours, ce qui inonda la vallée et créa le lac Titicaca. »

– « Grosse pei-peine, hein ?, me dit mon ami Inti soudain apparu. Ça m'a pris des siècles à m'en remettre. Heureusement, les Incas sont revenus vivre sur le lac et ses abords. En passant, Pachamama est dans une forme splendide. Elle est allée à la boutique de mon pote grec Éros et elle est revenue avec des négligés affriolants, ou-la-la ! Bon, faut que j'y aille, car ces pilules achetées auprès du revendeur de Tournemolle m'ont "mis de la mine dans le crayon" comme vous dites au Québec. Allez, à plus tard ! »

Sorti de mon vagabondage d'esprit, je me rends au port pour y trouver un bateau qui pourrait m'amener à l'île de Taquile du côté péruvien du lac. Comme toutes les péniches de passagers sont amarrées pour la journée, je devrai donc me tourner vers l'un des rares capitaines de cargo encore sur place. J'aborde une espèce d'amiral de bateau-lavoir en train de raboter à la laine d'acier la coque de son rafiot. De prime abord, il semble peu intéressé par mon offre. Je m'apprête à quitter les lieux quand il remarque la liasse de *bolivianos* que j'avais volontairement laissée sortir de ma poche arrière. À la vue de ce magot, mon garde-côte à la mie de pain en perd son œil de vitre et en échappe sa pipe de liège.

— « ¡*Espere, espere señor! Iré con usted.*» (Attendez, attendez monsieur! J'irai avec vous.)

Sans crier gare, il court chercher deux matelots qui ont plutôt l'air de deux marmottes mal réveillées. En un rien de temps, le navire se met à voguer lentement sur le lac. Le confort est on ne peut plus rudimentaire, car mon cargo transporte des légumes jusqu'au Pérou. D'accord, lecteurs malins, d'accord... Je vous entends déjà dire un légume de plus ou de moins sur le bateau, ça change quoi? Quels farceurs vous êtes! (- Soupir -). Laissez-moi prendre une petite pause le temps de me dérider.

« Ce moment d'attente est bien involontaire de notre part. Veuillez nous en excuser. Restez en ligne pour maintenir votre priorité de lecture. Nous vous remercions de choisir le conglomérat ACME/Jadrino Inc. pour tous vos besoins en farces et attrapes. »

Bon, ça fera les plaisanteries, c'est mon livre après tout!

Revenons donc sur ce bateau de croisière et son pilote du dimanche. Capitaine Crochet est tellement maladroit, n'ayant toujours pas retrouvé son œil de vitre, qu'il fait valser toutes les bouées à cloche, heurte des mouettes au passage et tient le lustre du plafond plutôt que la barre du gouvernail! Cette espèce de porc-épic mal embouché est, de plus, archilent.

La coquille de noix doit bien filer à une vitesse de pointe d'un demi-lacet, n'étant même pas capable de faire un nœud. Un peu plus et je me mettais à ramer! Avec cette allure de colimaçon paresseux, nous devrons accoster à la Isla del Sol (Île du Soleil) pour passer la nuit.

Quelle mauvaise nuit de sommeil! En plus d'avoir comme matelas un ballot de quinoa, comme oreiller un sac de betteraves et comme couverture une poche désemplie de pommes de terre, j'ai dû endurer les cris de jouissance incessants d'Inti et de Pachamama! Je me réveille ainsi grognon et courbaturé, mais mon humeur change prestement de cap à la vue de ma destination, l'île de Taquile.

※

Je débarque à un quai branlant où m'accueillent des fillettes coquettes avec un agneau dans les bras. Je les salue avant de poursuivre ma route sur un sentier aux vues imprenables longeant la côte. Cette parcelle de terre est une véritable oasis de paix et de calme. Je m'allongerai donc sur une butte d'herbe où seuls les bruits du vent et des oiseaux me berceront jusqu'au sommeil.

– «Allô beau jeune homme…»

Ah non! Pas encore Mimi Coca!

– «Quelle potion ensorcelante puis-je t'offrir aujourd'hui?»

– «Laisse-moi réfléchir… Je vais prendre un *Coca Light*, sans glace et avec un petit parasol bleu ciel en guise de paille. Puis, comme tu es dans le coin, apporte-moi un sandwich de pain bio aux douze céréales avec dinde sans gras trans, un peu de luzerne, quelques tranches de mangue et un soupçon de mayo safranée.»

– «Hé, oh, t'es malade! Pour qui me prends-tu? Ta bonniche de service? Ta Cendrillon à flonflons en jupon? Ta Marie-sers-moi-là-puis-oublie-moi? Non mais ça va pas la tête!», peste-t-elle avant de claquer la porte.

Je pouffe de rire en la narguant:

– «Je t'ai bien eue cette fois galopine. C'est papa Inti qui va être content!»

Bêêêê! Un bélier à la voix éraillée me réveille en sursaut. Espèce de chiche-kebab à frisettes, attends que j'aille chercher la broche à méchoui!

Je retombe sur terre. J'agrippe mon sac et, oh!, ça doit être l'heure de pointe du midi, car il y a une vieille dame avec une poche de branchettes qui promène ses vaches avant le repas, bloquant ainsi toute circulation. Je réussis un dépassement risqué dans une courbe, un taureau tentant de m'encorner pour venger son ami bélier. Mon estomac commence à crier à l'aide. Je presse le pas jusqu'à la place principale où je trouve quelques tables inoccupées à l'extérieur d'une maisonnette. J'en choisis une au hasard en fermant les yeux:

– «I-ni-mi-ni-ma-ni-mo, à cette table de bistro, je m'assois tout de go!»

Je me bidonne de mon jeu niais quand j'aperçois un homme appuyé sur le cadre de la porte en train de tricoter de la laine locale. Sa tenue vestimentaire est particulière: une longue tuque rayée à pompon, une chemise blanche aux manches bouffies que cache en partie une petite veste noire, un genre de ceinture fléchée, un pantalon noir et des souliers assortis, mais sans bas. Mon serveur vient déposer un menu sur la table et s'en retourne à ses aiguilles et à sa pelote. Je fais pirouetter la carte du recto au verso, seuls trois choix y figurent: poisson frit à la sauce tomate avec pain, omelette aux tomates avec pain et... sandwich aux tomates! Hmmm! Quel choix difficile!

– «I-ni-mi-ni-ma-ni-mo, pour ne pas avoir le bec à l'eau, je prendrai le ramollo!»

L'omelette rougeâtre arrive dans une assiette en plastique. Vivement du sel et du poivre pour donner un peu de goût à ce mets mollasse. Au moins, me dis-je, il y a le pain pour me sustenter. Je tire de toutes mes forces sur la boule de farine durcie pour en prendre une bouchée et je passe bien près d'y laisser mon dentier. Je picore donc le restant d'œufs flasques. Est-ce que le dessert changera la donne? Tout repose sur le seul et unique choix, une *copa de banano*. Arrivent dans un bol des bananes écrabouillées mêlées avec de la fécule de maïs en mottons, du lait chaud et une brouette de sucre. Quelle est la conclusion selon vous?

Je paie la note quand retentit un sifflement strident sur la place publique. Un cortège d'hommes à tuque s'avance vers le parvis de la petite église. Des touristes sortent de toute part pour encercler le groupe de locaux. Je m'informe auprès de l'une des voyageuses :

— « *Que se passe-t-il Lucille ?* »

— « *Le maire s'apprête à attribuer les chambres chez l'habitant aux touristes intéressés.* »

— « *Que faut-il faire ?* »

— « *Simplement lever la main.* »

Je hausse le bras avec vigueur tout en sautillant pour me faire remarquer du *Grand Schtroumpf*. Un représentant du chef vient me chercher et me traîne vers l'avant-scène. Il pige le numéro 67 dans un chapeau.

— « *Sesenta y siete, es Francisco* » (Soixante-sept, c'est Francisco), clame le doyen.

Francisco Mamani, un pépé fluet, mais solide compte tenu de son âge, s'approche et me pare d'un bonnet blanc et rouge. De façon solennelle, il prend bien soin de laisser tomber le long pompon en une direction précise. J'obéis à l'aïeul au grand rire de l'assemblée.

Nous partons tranquillement vers sa demeure. Nous sommes rapidement suivis par un attroupement de jeunes filles hystériques. Elles se pendent à mes vêtements, me font des clins d'œil, me baisent les mains. Lucille bouscule les groupies et me tire à l'écart :

— « *Que se passe-t-il Lucille ?* », demandai-je encore une fois à ma nouvelle alliée.

— « *Veux-tu bien mettre le pompon de l'autre côté, tu vas te faire zigouiller !* »

— « *Par qui ? Par ces nymphettes en chaleur ?* »

— « *Ouais ! Il t'a coiffé d'une tuque de célibataire et la direction du pompon indique que tu es à la recherche d'une conjointe !* »

Bien compris capitaine, je troque mon bonnet pour une vieille casquette!

Avec toutes ces péripéties, je ne suis vraiment pas fâché d'arriver seul à ma chambre. Francisco me remet une chandelle qu'il a vissée dans un goulot de bouteille. J'entre dans la pièce et j'aperçois, grâce à la lueur de mon lumignon, un lit dissimulé sous d'épaisses couvertures de laine. Je distingue aussi des ombres de nénettes agglutinées à la fenêtre. Presto, tirons le rideau et soufflons la bougie.

❉

Je me lève tôt pour éviter les courailleuses. Tel un colonel de commando, je me faufile le long des murs. Je regarde de tout bord tout côté à l'affût d'une assaillante. Le champ semble libre, allons-y! D'un seul bond, je plonge habilement derrière un buisson et j'atterris directement... au milieu des pucelles endormies! Le temps de se décoller les yeux, elles sautent toutes sur moi pour m'arracher mes vêtements.

Dans le tumulte, je réussis à me libérer. Je prends mes jambes à mon cou et décampe à toute vitesse en direction de... de... de... peu importe, par là! Je vois un long bâtiment de béton et décide de m'y cacher. J'ouvre à la hâte une porte et je me plante derrière elle, essoufflé. Soudain, j'entends des petits murmures et des ricanements. Merde de merde de meeerde! Je suis dans une classe d'école!

Embarrassé, j'empoigne un globe terrestre et invente un discours.

– « ¡Hola niños! Me llamo Jadrino y hoy estoy aquí para hablaros de Canadá » (Bonjour les enfants! Je m'appelle Jadrino et je suis ici aujourd'hui pour vous parler du Canada), dis-je en pointant mon pays sur la grosse boule bleue.

L'instituteur me regarde d'une drôle de façon. Vrai qu'un homme barbu avec des vêtements en lambeaux et un foulard noir sur la caboche n'est pas des plus rassurants. Je suis toutefois très, euh... gentil!?! Une idée me vient en tête. Je fouille dans mon sac... victoire! J'ai une tonne d'autocollants, aux formes et couleurs diverses, éparpillées dans mon bagage. En aurais-je toutefois assez? Je me mets rapido à compter: ... cinquante-huit, cinquante-neuf, soixante, ça devrait être suffisant.

Les élèves se mettent à la queue leu leu pour recevoir leur petit cadeau. Une fois obtenu, certains réintègrent même le bout de la file dans l'espoir d'en avoir un deuxième. Après la distribution, les gamins retournent à leur pupitre et entonnent en chœur: «*Muuuchas graciaaas señooor*» (merci beaucoup, monsieur). J'en ai des frissons, je resterais encore un peu, mais je dois poursuivre ma route. Je quitte la pièce et tous les petits visages se collent à la fenêtre pour m'envoyer la main.

✳

Je descends les 532 marches qui mènent au quai principal de l'île. Un bateau de passagers s'apprête à prendre le large. Le nom de la navette, le *Pusi*, n'est pas des plus inspirants, mais j'y saute tout de même, car j'ai un rendez-vous important à ne pas manquer.

L'embarcation s'éloigne peu à peu du quai. Je dis «au revoir» à cette île fantastique quand je vois au loin une dizaine de jeunes filles plonger à l'eau pour nager en direction de notre traversier. Vite moussaillons, pleins gaz!

Le bateau file à fond de train sur le lac. Les vagues nous font bondir en tous sens: de haut en bas, de gauche à droite, du derrière au devant. En moins de deux, nous voici arrivés au port de la ville de Puno. Je comprends dès lors le «succulent» jeu de mots qui a donné le nom à la barque: Puno, *Pusi*. Quels plaisantins ces Péruviens, de quoi vomir! Aussitôt dit, de puissantes nausées s'emparent de moi. Derrière un hangar, je trouve un baril rempli de poissons. Au diable la sauce, je régurgite dans le tonnelet.

Qu'a-t-il bien pu se passer? Le mal de mer? Non, j'ai d'habitude le pied marin. Je réfléchis... Hmmmmm... En deux jours passés sur l'île de Taquile, j'ai toujours bouffé des omelettes, mais je n'y ai jamais vu une foutue poule! Conclusion: empoisonnement alimentaire.

Le temps de reprendre mes couleurs, me voici en route pour l'aéroport situé dans la ville voisine de Juliaca. Je me procure un billet bon marché, je grimpe à bord de l'appareil et je peux enfin souffler un peu. Plus le temps passe, plus je reconnais des paysages familiers du haut des airs: les montagnes, les vallées, le... Machu Picchu! L'avion se pose sur la piste. J'exulte, car je suis de retour à Cuzco!

❉

Je récupère rondement mes bagages et je sors à l'extérieur du bâtiment. Comme prévu, une petite voiture rouge m'attend dans le stationnement. Je reconnais l'homme au volant, costaud, vêtu d'un poncho et d'un bonnet de laine multicolores et portant au cou un collier en or étincelant.

– «*Sinchi*», m'écriai-je le sourire aux lèvres.

– «*Jadrino*», de me répondre mon ami tout en me faisant l'accolade.

Le père de Zorrino n'a rien perdu de sa sagesse et de son efficacité. Il est tellement heureux que j'aie accepté d'être présent pour le dix-huitième anniversaire de son fils. Il a toutefois gagné en volubilité, car il ne cessera de ressasser souvenirs et histoires tout au long des quelque quarante kilomètres nous menant à Pisac. Je l'écoute distraitement, étant hypnotisé par les montagnes verdoyantes et les rivières bucoliques serpentant dans la vallée sacrée.

Nous arrivons au village où c'est jour de marché. Des paysans des environs y sont venus vendre fruits, légumes, animaux et artisanat. Nous nous arrêtons aux côtés d'un groupe de villageois colorés réunis non loin d'une fontaine. Nom d'une pipe! Il s'agit de la cohorte d'affables pédezouilles laineux du gîte de Cuzco!

Les discussions repartent de plus belle, passant de la rigolade à la réminiscence d'un temps pas si lointain. Je dois toutefois m'excuser, ayant quelques comptes à régler. Je me dirige vers la fontaine, je prends une grande gorgée d'eau puis je tape sur l'arrière-train d'un lama. Il se retourne et, pffffffff!, je lui crache un jet au visage!

– «Tiens espèce de Cyrano à quatre pattes à l'extrait de cornichon. Paie la note pour tes malappris compères!»

Il commence à se faire tard. Sinchi et moi montons au pied de la montagne en suivant des ruelles étroites. Nous nous immobilisons devant une modeste demeure. Les murs sont faits de blocs de boue séchée et le toit d'adobes et de paille. Il tire un long rideau faisant office de porte principale. Un homme aussi costaud que mon compagnon vient à notre rencontre. Sinchi me présente son frère, Yahuar. Tous deux me mènent à une chambre où un large paillasson couvre le sol. Aussi bien dormir, car demain sera un grand jour...

❊

Je me lève de bonne heure et de bon pied. Le soleil brille de tous ses rayons et fait resplendir les montagnes des alentours. Je retrouve mon hôte dans la petite cour centrale en train de faire sécher des épis de maïs multicolores. Yahuar me traîne dans une pièce où deux jeunes femmes m'attendent avec une multitude de tissus polychromes. Elles me fabriquent sur mesure une *onka* (tunique) d'alpaga. Mes couturières me prêtent ensuite des sandales en cuir et me coiffent d'une espèce d'abat-jour à pompons.

Je me joins ensuite à un cortège qui marche en direction d'une réplique du *Coricancha*, le Temple du Soleil ou l'« enceinte de l'or » en quechua. Le gros édifice aux murs peints en bleu est orné de motifs d'or et d'argent. L'intérieur du sanctuaire est tout aussi brillant. Au-dessus de l'autel repose un étincelant disque doré représentant mon ami Inti.

Je reconnais Sinchi sur la chaire. Il est paré d'une longue robe blanche où figure au centre un soleil rayonnant. Il tient dans sa main droite une sorte de lance. Sa chevelure est enfouie sous un énorme chapeau surmonté de plumes au rouge vif. Des dorures symboliques recouvrent ses épaules, ses poignets et ses genoux. Puis une momie est déposée à ses côtés, probablement celle de sa femme Suyay.

Tout autour, l'ambiance est à la fête. Des hommes dansent et chantent aux sons des *harawi* (mélodies religieuses) produites par les *antara* (flûtes de pan) et les *tinya* (tambourines). Un *pachamanca* (buffet inca) rempli de viandes, dont du *cuy chactado* (cochon d'Inde grillé), de légumes et d'herbes aromatiques trône sur une table qui fait la longueur de l'édifice.

Un roulement de tambour sourd se fait entendre. Tout le monde se tait. Les portes s'ouvrent pour laisser passer les rayons du Dieu Soleil. Zorrino fait son entrée, vêtu d'habits similaires à ceux de son père. Il s'approche lentement de la chaire. Dans un geste cérémonieux, Sinchi place ses mains sur la tête de son fils avant d'y déposer sa couronne. Il porte ensuite ses doigts à son collier en or, le décroche et le noue au cou de mon camarade. Voilà! Zorrino Yupanqui est maintenant officiellement un membre des descendants royaux incas!

Zorrino se retourne vers la foule. Il m'aperçoit et son visage s'illumine d'un seul trait. Il me pointe et m'invite à monter à ses côtés sur la tribune.

Et si Huot voulait dire Yupanqui en français? Serais-je le frère de Zorrino?

CHILI ET BOLIVIE

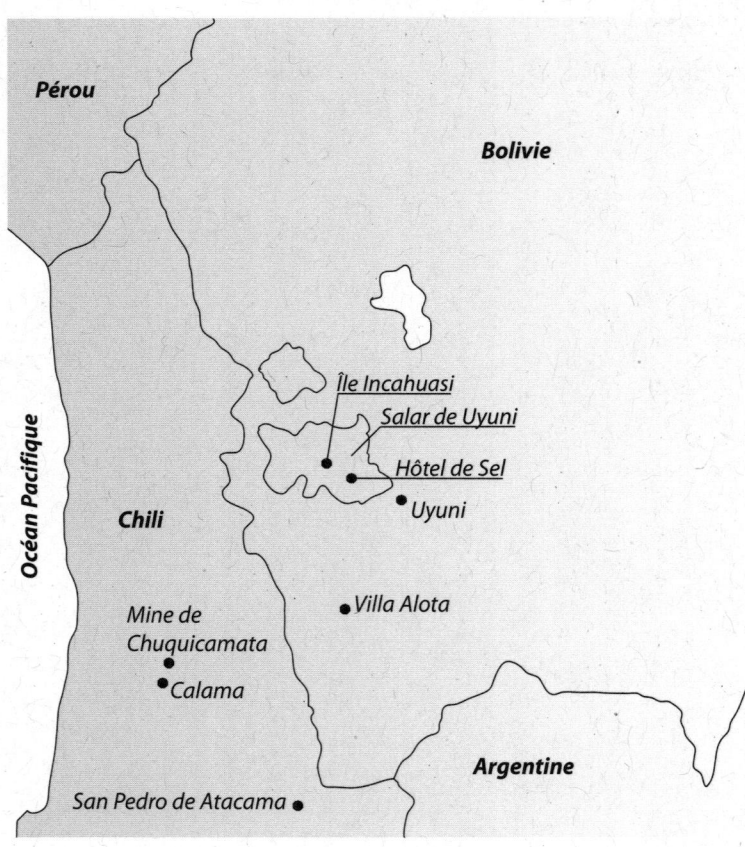

CHILI – BOLIVIE

Ma belle traversée du désert

J'EN CONVIENS, JE SUIS UN PEU MASO. Alors que la plupart des gens rêvent aux plages des Caraïbes, d'Hawaï ou de la Polynésie française, je préfère nettement un autre type d'étendue sablonneuse: les déserts. Après ceux du Sahara et du Thar, je comptais maintenant traverser celui de l'Atacama situé à la frontière du Chili et de la Bolivie. Mon but: explorer l'une des plus belles régions au monde, le Sud-Ouest bolivien.

Je saute donc à bord d'un vol qui me mène à Calama dans le nord du Chili. J'arrive à destination très tard le soir. Je me fiche complètement des odeurs de solvant qui flottent dans l'air de cet hôtel et des murs défraîchis de ses chambres, probablement peints pour la dernière fois il y a cinquante ans. Y a-t-il un lit? Oui? Vendu!

J'ai le goût de me la couler douce aujourd'hui avec pour seul but la visite de la mine de Chuquicamata, la plus grande fosse de cuivre à ciel ouvert de la planète. Au-delà de ses dimensions colossales de huit millions de mètres carrés, c'est en ces lieux qu'Ernesto *Che* Guevara observa pour la première fois les conditions de vie précaires, la pauvreté et l'impuissance des masses, ce qui mena à sa révolution. *¡Hasta Siempre Comandante!* (Pour toujours commandant!)

Je m'achète donc auprès d'un brocanteur une vieille moto *Norton* 500cc identique à *La Poderosa* (La Puissante) que le *Che* et Alberto Granado utilisèrent au début des années cinquante pour faire le tour de l'Amérique du Sud. Je m'équipe aussi d'un bonnet d'aviateur en cuir et de lunettes de plongée puis vrrroum!, je décampe!

Je roule avec ma bruyante bécane sur une quinzaine de kilomètres jusqu'à mon objectif. La chaleur du moteur jumelée à celle torride du soleil rendent le trajet pénible. Comme si ce n'était pas assez bouillant comme ça, les règles de sécurité du site obligent les visiteurs à porter une combinaison longue et un chapeau de construction à intérieur de feutre. L'immense bol de cuivre est tout de même impressionnant, mais après vingt minutes, un trou étant un trou, je rebrousse chemin.

⁂

Je fonce à pleins gaz sur la route poussiéreuse en direction de San Pedro de Atacama. Malgré mes lunettes terreuses, je peux distinguer ces fabuleux paysages où se côtoient des immensités rocailleuses et des sommets enneigés. À mi-chemin, j'aperçois deux autres énormités, celles-ci agitant des foulards rouges. Leur camionnette est enlisée profondément dans le sable. Pendant que l'une des touristes américaines obèses me demande de les sortir de leur fâcheuse position, l'autre s'entête à garder la pédale à fond, le véhicule s'enfonçant davantage à chaque seconde. Hooolà! Hoooolà! Cessez d'abord de faire tourbillonner les pneus de la sorte et débarquez donc de la cabine, ça va donner du lest à la fourgonnette.

Je pars à la recherche d'une solution. Tiens! Un morceau de bois et des pierres, ça devrait faire l'affaire. Je me mets à creuser avec ma pelle improvisée pour aligner les palets derrière les pneumatiques. Je saisis le volant et je place la transmission à reculons. J'appuie doucement sur l'accélérateur et voilà, le tour est joué!

Les mammouths débordent de joie. Elles me prennent pour cible et foncent de plein fouet pour me donner des baisers baveux. Je tente de m'enfuir sur ma moto, mais elle refuse de partir. Hooolà! Hoooolà mesdames! Laissez faire les accolades avant que je ne casse en deux et transportez-moi plutôt jusqu'à San Pedro.

Rendu au village, je discute avec un mécano pendant que les deux mastodontes lorgnent tous les menus des restaurants aux alentours. Comme la réparation de ma moto prendra plus d'une heure, j'accepte leur invitation à déjeuner.

Nous entrons dans une cafétéria nommée *El Titán* (Le Titan). Nous nous assoyons à une longue table pouvant assurément accueillir deux familles vietnamiennes. Les bouffonnes bouffies implorent le chef Hugo de Grassas de leur préparer toutes ses spécialités. Il arrive d'abord avec un plateau de *palta reina* (une purée d'avocats, de poulet, d'œufs et de poivrons). Suivront une marmite de *curanto* (un mélange de mollusques, de poulet et de saucissons arrosé de vin blanc), une chaudronnée de *cazuela de ave* (ragoût de poulet et de citrouille) et un troupeau de lamas rôtis servi avec des frites. Après n'en avoir fait qu'une bouchée, la plus mince, soit celle d'environ 250 kilos, se lève péniblement pour apostropher le cuisinier :

– «*Those were very good appetizers, now what do you have for main course ?*» (C'était de très bons hors-d'œuvre; qu'avez-vous maintenant à proposer comme pièce de résistance ?)

Le cuistot fond en larmes d'un seul trait, ses frigos et armoires ayant été complètement vidés par ces gargantuas.

Pendant que les malotrues lèchent les tables voisines, je traîne en douce le chien du proprio à l'extérieur du restaurant afin qu'il ne soit pas piqué par la fourchette des ogres. Je récupère ma moto maintenant réparée, je dépose la saucisse sur pattes dans l'une des sacoches de la bécane et je pars en trombe.

Je voyage à fond de train, au grand plaisir de Merguez qui s'aère les oreilles au vent. Je fais un petit détour pour m'arrêter devant la cordillère de La Sal, une vallée aux allures lunaires. J'emprunte une piste qui défile parmi les canyons et tunnels. Le soleil plombe toujours de tous ses rayons. La chaleur est atroce. Le radiateur de la bécane commence à bouillir et il est grand temps de stopper avant que mon véhicule ne rende l'âme et que mon toutou ne se transforme en hot-dog!

Je me réfugie dans une grotte où l'air est plus frais. Bourré par toute la nourriture consommée plus tôt, je m'endors paisiblement sur un oreiller de pierre humide.

Deux monstrueuses créatures sortent lentement d'un marais stagnant. Elles sont coiffées d'algues et de quenouilles et de l'écume sort de leur bouche. Elles s'avancent vers moi d'un pas lourd en répétant à haute voix :

«*Huuungry! Huuuuungry!*» (J'ai faiiim! J'ai faiiiiim!). Elles enfilent de larges bavettes et se mettent à me téter les orteils…

Hein… Hein… Ah Merguez! Veux-tu bien cesser de me suçoter les doigts de pied? Ouf! Quel cauchemar!

Le mercure ayant perdu plusieurs degrés, je repars avaler plusieurs kilomètres avant la tombée de la nuit. L'astre solaire commence à descendre doucement dans le ciel, laissant des traces orangées dans les nuages. J'allume le phare de la moto pour dénicher un refuge pour la nuit. J'aperçois au sommet d'un promontoire une petite chapelle.

J'appuie ma *Norton* sur une sépulture devant la modeste bâtisse. Je frappe à la porte métallique bleu pâle. Mes coups résonnent dans les montagnes. Pas de réponse. Comme la porte est déverrouillée, je pénètre à l'intérieur.

Je prends mon briquet pour allumer quelques cierges afin d'éclairer la pièce. Une longue nappe blanche drape une table déposée sur une estrade. À ses côtés, une statue de la Sainte Vierge est couverte de roses. Des bancs de bois usés complètent l'ameublement modeste. Pendant que je poursuis mon inspection visuelle des lieux et que Merguez renifle dans tous les coins, un moine grisonnant fait son entrée.

– «*¿ Puedo ayudarte mi oveja descarriada?*» (Je peux vous aider ma brebis égarée?)

– «*Si, busco un lugar para dormir.*» (Oui, je cherche un endroit pour dormir.)

– «*Puede dormir aquí. La casa de Dios pertenece a todos mi hijo. Regresaré mañana por la mañana al alba. ¡Buenas noches cordero de Dios!*» (Vous pouvez dormir ici. La maison de Dieu appartient à tous mon fils. Je reviendrai demain matin à l'aube. Bonne nuit agneau de Dieu!)

– «*¡Amén! Euh… Perdón. ¡Gracias!*» (Amen! Euh… Pardon. Merci!)

Je m'installe sur l'un des bancs. J'y reste figé, ne pouvant bouger vu son étroitesse. Au bout de quelques secondes, je décide de transférer mes pénates sur le sol dans l'allée centrale. Ah! Beaucoup plus «confortable»! Je prendrai toutefois du temps à tomber dans les bras de Morphée, ressentant une drôle de sensation de me faire épier par tous ces portraits du Christ.

❊

– «¡ *Levántense!* » (Levez-vous!), crie le prêtre.

Je me réveille encore groggy de cette mauvaise nuit de sommeil. Je me décolle les yeux quand, merde!, l'église est remplie à craquer de fidèles venus à la messe du matin. Tous les regards se tournent vers moi vu mon juron.

– «*Perdón*», murmurai-je.

Je ramasse mon barda et je prends place contre le mur à l'arrière de la salle. Je ne cesse de flatter ma saucisse pour que Merguez ne jappe pas en plein milieu du sermon du curé. Le discours est d'une platitude assommante. Je ne peux m'empêcher de somnoler entre deux homélies.

Soudain, deux figures diaboliques se mettent à voler dans les airs en agitant des linceuls. Leur halo laisse entrevoir un char de feu enlisé dans un bourbier. Je m'approche de la voiture quand «Aaaaaaah!», ce sont mes deux démones américaines qui chauffent un barbecue à l'intérieur de l'habitacle! Elles se mettent à ma poursuite avec des charbons ardents quand...

– «¡ *Despertase mi hijo! ¡ Despertase!* » (Réveillez-vous mon fils! Réveillez-vous!)

Je suis tiré rudement de mon sommeil alors que l'ecclésiastique me lance un seau d'eau bénite au visage.

– «¡ *Oh perdóneme Padre! Debí dormirme durante su sermón.* » (Oh pardonnez-moi mon Père! J'ai dû m'endormir pendant votre sermon.)

– «*Desgraciadamente, no fuiste el único.* » (Malheureusement, vous n'étiez pas le seul.)

L'abbé Cossa prend sa soutane pour m'éponger la figure avant de m'escorter jusqu'à ma moto. J'enfourche ma bécane et je salue chaleureusement le religieux en partant dans un épais nuage de poussière.

– « ¡ *Vaya con Dios !* » (Allez en paix !), me lance mon hôte du moment.

Les paysages sublimes de broussailles, que j'ai surnommées « touffes de trolls », et de montagnes continuent à défiler à une vitesse folle. J'erre dans mes pensées quand, paf !, je dois freiner brusquement, passant bien près d'être éjecté par-dessus le guidon de mon engin. Un troupeau de lamas a décidé de traverser là, à cet endroit précis. Les mammifères forment une longue haie de laine infranchissable qui semble s'étirer jusqu'en Sibérie ! Bah ! Je ne suis pas pressé, j'ai tout mon temps. On ne peut cependant en dire autant des nombreux camions et bus de touristes qui s'empilent devant la lente procession des camélidés. Les chauffeurs rouspètent, klaxonnent, sortent de leur véhicule pour tenter de les effrayer, rien à faire, ils ne bougent pas d'un poil !

Le défilé prend fin au bout d'une trentaine de minutes. Je laisse la masse s'exciter sur la route tout en terminant de bouffer mon *jerky* de viande de lama séchée. J'offre la dernière bouchée à Merguez qui est toujours bien en selle dans sa sacoche. Je fais vrombir mon moteur et c'est reparti !

J'ai à peine le temps de faire quelques kilomètres que j'arrive à la douane bolivienne, une cabane de béton avec un drapeau tricolore à moitié déchiré trônant au pied d'une montagne. Je présente mon passeport, tout est en règle :

– « ¡ *Hasta luego muchachos !* » (Au revoir les enfants !)

Mon trajet sera de nouveau de courte durée, car, wow !, un sommet enneigé miroite dans des eaux aux couleurs turquoise surréelles. Encore ébahi, je reviens à ma bécane. Qu'y a-t-il Merguez, pourquoi te caches-tu ainsi sous tes pattes ? La route poussiéreuse avait laissé plein de petites particules dans ses yeux. Pauvre chien-chien ! Viens, je vais t'enlever ces vilaines grenailles et je vais te fabriquer une calotte d'aviateur.

Je fouille dans un baril à ordures et j'y trouve entre autres un sac à main rose bonbon et une ceinture de cuir effilochée. Je prends mon couteau pour découper dans la bourse un bonnet à toutou en prenant bien soin de laisser des ouvertures pour les oreilles. J'y couds la ganse et voilà pour le chapeau.

Je perce ensuite la ceinture et j'y colle deux sacs à sandwich transparents préalablement rincés. Hmmm! Regarde-moi donc pour voir? Ouin, pratique, mais pas très sexy comme look. Attends… Je sors mon stylo-feutre noir et, tiens!, une tête de mort sur le casque te donne bien meilleure allure!

Bonne décision vestimentaire, car plus loin sur la route, nous passons parmi les fumerolles de sources thermales qui nous éclaboussent de gouttelettes. À peine le temps d'essuyer mes lentilles que, rewow!, des centaines de flamants au plumage rose vif et blanc se trempent un pied dans un lac aux teintes ocre, marron et bleues extraordinaires.

Le soleil commence sa descente, il serait grand temps de trouver un gîte. Selon mon guide, il y aurait une espèce de bunker dans les environs. Je trouve vitement l'abri de béton. Il semble en effet être passé à travers quelques guerres. Les murs sont décrépits, les fenêtres craquelées et les lits laissent entrevoir plus de ressorts que de rembourrage. Comme je ne crois pas que la chaîne *Hilton* ait installé un hôtel dans cette région, je me replierai donc sur cette cambuse.

Ouf! L'altitude affecte grandement le corps et l'esprit puisque mon «auberge de luxe» est située à près de 4 300 mètres. La tête me tourbillonne et je peine à marcher jusqu'à la cafétéria. Je pousse la porte et la salle à manger ressemble au reste du refuge. Une longue table en bois éculée, quelques chaises dispersées dont la plupart n'ont que trois pattes et demie et une vieille radiocassette où tourne une musique traditionnelle aux cris perçants.

La mégère de service arrive avec le repas: un bol de bouillon tiède, une assiette de nouilles sans sauce et un morceau de pain rassis. Par chance, je n'ai pas très faim. Je picorerai quelques bouchées et je laisserai tomber ma fourchette. La vieille bourrue vient ramasser les plats à peine touchés et je lui demande un *mate de coca* (thé de feuilles de coca). Elle repart en bougonnant.

La bonniche revient enfin avec mon infusion. Aaah! Ça fait du bien! L'eau me réchauffe les boyaux et les feuilles de coca m'aideront à combattre le *soroche* (mal des montagnes). Mon cerveau continue toutefois de battre comme un roulement de tambour. Faut dire que cette cassette qui joue sans arrêt est en train de me rendre dingue. À vrai dire, c'est comme si on était en train d'égorger une *siku* (flûte de pan) et de broyer un *charango* (petite guitare à dix cordes)!

Je m'approche du poste émetteur pour mettre fin à cette torture. Tiens! Une bande magnétique oubliée par un touriste avec l'inscription «*UK's Progressive Rock*» (Rock progressif du Royaume-Uni). Essayons... Hmmmmm! Ça débute bien avec des chansons de Pink Floyd et de Supertramp. Juste comme je commence à m'assoupir, les haut-parleurs crachent un cri tonitruant. La chanson *Paranoid* du groupe *heavy metal* Black Sabbath prend son élan et Ozzy Osbourne s'époumone comme un diable dans l'eau bénite. La grognasse entre en trombe dans la pièce avec un encensoir pour purifier l'air. Voilà, le concert est terminé!

❋

Après un bol de *mate de coca* pour moi et un autre pour Merguez, je peux reprendre la route en cette nouvelle journée. Les paysages sont un peu moins spectaculaires ce matin, du moins jusqu'à ce qu'un troupeau de vigognes ne coure à côté de ma moto. Je m'arrête dans un petit village typique du nom de Villa Alota pour faire le plein d'essence. La place centrale vue d'une petite plate-forme est tout simplement magnifique. Une jolie église y prédomine avec ses tourelles de pierres et son toit en paille. Encore plus impressionnantes sont ces femmes qui passent par là habillées d'un épais gilet et de jupes superposées multicolores. Elles sont coiffées d'un chapeau de paille qui cache en partie leurs longs cheveux noirs tressés.

Fort gracieux mesdames, mais je dois poursuivre mon chemin. De courte durée cependant car j'arrive face à face avec un cheptel de lamas broutant en bordure de route à l'ombre de collines. Les petits sont tellement mignons avec leurs bonds frivoles et enjoués. J'imagine toutefois certaines mères maugréer à leur sujet:

– «Ah! Ces enfants! Plus moyen de brouter en paix!»

– «Ne te mets pas en boule Élaina, ce ne sont que des gamins. Retrouve donc ta fibre maternelle.»

– «Tu as raison. J'ai tellement les nerfs en pelote ces temps-ci. Tu savais que mon mari a recommencé à se défiler tous les soirs? Je doute qu'il retourne aux effeuilleuses avec son ami Serge.»

Je distingue au loin ce qui semble être mon objectif ultime: le Salar de Uyuni. Ce désert de sel déployé sur plus de 12 000 kilomètres carrés est franchement hallucinant. Rouler sur cette vaste étendue de cristaux salins donne l'impression de flotter sur les nuages. L'effet est encore plus surnaturel lorsqu'une fine couche de pluie recouvre la surface du sol.

Je débarque de ma moto et j'ai vraiment le sentiment de marcher entre ciel et terre. D'ailleurs, avec ma barbe non rasée depuis sept semaines, il ne me manquerait que les cheveux longs et je pourrais facilement personnifier Jésus marchant sur l'eau. J'aurais toutefois plus de difficultés à rendre mon personnage crédible si un Thomas m'avait demandé de multiplier les pains!

Parlant de pains, il serait grand temps de s'emplir la panse. Je m'arrête sur la pseudo-île d'Incahuasi. Je m'installe au sommet de la butte pour casser la croûte et observer ces cactus géants qui poussent sur ce monticule de corail. Entre deux bouchées, j'admire la blancheur de cette mer de sel à perte de vue. Simplement ma-gi-que!

Je me dirige au cœur de ce désert où se trouve un hôtel fait tout de… sel! Je m'y installerai pour le reste de la journée, une bonne dose de repos étant certes bienvenue. La relaxation sera toutefois brève, car je dois vite museler Merguez qui est en train de lécher tous les murs de l'auberge!

Après une longue sieste bien méritée, je me dirige à la cantine. Je prends place aux côtés d'un jeune couple sympathique de Français, Jean et Jeanine. Les mets servis sont un peu fades, mais il y a tout de même l'avantage ici de pouvoir gratter la table pour saler notre assiette! Petite bouffe rapide, je salue mes partenaires de repas et je m'en retourne me reposer dans ma «salière».

Vu la nourriture couci-couça de la veille, j'opte pour aller prendre le petit-déj dans le village de Uyuni. Je me stationne devant un café non loin d'un cimetière de ferrailles de locomotives. Pendant que je grignote quelques biscottes et sirote un jus de carottes, mes potes sortent par la porte de la popote.

– «*Eh ça gaze les Parisiens?*», lançai-je mi-figue, mi-raisin.

– «*Bof! Ouais...*», de me rétorquer Jean l'air piteux. «*Les bus pour aller à San Pedro ne sont qu'en soirée. C'est chiant en tabern...*»

Je coupe la parole à mon ami, m'en voulant de lui avoir appris ce juron québécois.

– «*Écoutez, je ne suis pas pressé moi. Embarquez sur ma bécane et nous irons trouver une solution.*»

Nous nous installons sur le siège et je suis bien content que ce soit la belle Jeanine qui soit prise en sandwich entre Jean et moi. Je donne un coup de pied sur la pédale de démarrage, rien. Je botte, rebotte et re-rebotte, toujours rien. Désolé les copains, mais nous devrons marcher jusqu'au garage.

Le mécano défait ladite pièce, rien de ce côté. Il pousse ses recherches plus loin et il observe que l'huile est devenue grise. Selon lui, de l'eau salée serait entrée dans le moteur par la transmission le mettant K.O. *Tabern...*

Tout en faisant les cent pas et en fustigeant le Dieu du Sel, je remarque derrière l'édifice une vieille camionnette avec un panneau «*En Venta*» (À vendre) appuyé sur le parechoc avant. Je retourne voir le garagiste et, marché conclu, je te laisse ma moto contre ton tacot.

Quand même acceptable cette Toyota bosselée, si ce n'était de toutes ces fissures dans le pare-brise. Le moteur roule bien et le support à bagages est fort pratique. Drôle aussi ce petit Père Noël à *charango* qui pend au rétroviseur.

– «*¿Vamos, boinas azules?*» (Nous y allons les bérets bleus?), demandai-je aux cousins français.

– «*Vas-y mec! Partons au plus sacr... d'host... de cib...*»

(- Soupir -) Ça m'apprendra à vouloir partager la culture québécoise!

✻

Avec toutes ces péripéties, il est quasi 18 h. Nous quittons donc Uyuni, mais nous n'aurons certes pas le temps d'arriver à San Pedro avant la nuit. Dieu merci, un phare sur deux fonctionne, car nous sommes au beau milieu de nulle part. Soudain, un village du nom de Villamar. Quelle veine !

Nous arrêterons notre choix sur l'une des rares options disponibles, une espèce de cellule en béton avec un poêle au centre. La pièce est une vraie glacière, d'autant plus qu'il ne reste presque plus de bouses de lamas séchées pour alimenter le feu. Pis encore, ce froid de canard fait en sorte qu'il n'y a aucune, mais aucune chance de voir Jeanine en petit déshabillé affriolant. Aussi bien fermer l'œil...

Nous sommes debout tôt, question d'aller profiter de la chaleur des bouches d'aération du camion. Dans cette optique, nous voilà de retour à San Pedro de Atacama en un rien de temps. Nous devons d'ailleurs être les seuls dans cette ville de désert aride à porter des chandails de laine, une tuque à oreilles et des sous-vêtements thermiques !

Après avoir déposé mes amis à leur hôtel, je m'apprête à quitter le village quand j'aperçois un attroupement sur la rue principale devant le resto *El Titán*. Le chef de Grassas est sûrement devenu fou, me dis-je. Je m'approche des lieux... Non ! Nooon ! Nooooon ! Nooooooon ! Les deux grosses touristes américaines sont coincées à l'intérieur du commerce, n'étant toujours pas capables de passer par la porte !

PATAGONIE ET TERRE DE FEU

Mont Fitzroy (3 405 m)
El Chaltén

Glacier Perito Moreno
El Calafate   Lac Argentino

Argentine

Parc national
Torres del
Paine

Río Gallegos

Chili

Punta Arenas

Océan Atlantique

Argentine

Ushuaïa

Canal Beagle

Océan Pacifique

ARGENTINE – CHILI

Que de beautés en ce bas monde !

JE VIENS À PEINE DE METTRE LE PIED dans l'aéroport de Buenos Aires, la capitale de l'Argentine, que ma tête plonge illico dans un tourbillon. La vue de cette mer de passagers courant des comptoirs d'enregistrement aux portes d'embarquement et de ces chauffeurs de taxi à l'assaut de clients potentiels me donne le vertige. La vague d'annonces publiques stridentes déferlant des haut-parleurs à un rythme fou n'aide en rien ma cause. Ces images se bousculent dans mon ciboulot et elles sont à mille lieues de celles que j'avais envisagées de la Patagonie. Car d'abord faut-il s'y rendre !

Je me faufile à travers cet environnement hostile pour enfin atteindre les points de vente des compagnies aériennes. Je tente de faire un choix parmi la douzaine de sociétés offrant des vols vers le « sud » : *Aero Chocolate, Aerolineas Tata, Derrí Air…* J'avoue que le nom de cette dernière est accrocheur, tout comme son slogan : « *¡ Con Derrí Air, serán como uña y carne !* » (Avec Derrí Air, vous serez comme cul et chemise !). Particulier, mais efficace !

Je me pointe donc au comptoir où m'accueille une belle grande brune au teint foncé, au sourire éclatant et… au joli popotin.

– « *Querría un billete para Río Gallegos.* » (Je voudrais un billet pour Río Gallegos.)

– « *¿ Por qué destino ?* » (Pour quelle destination ?)

– « *Río Gallegos en la Patagonia Argentina.* » (Río Gallegos en Patagonie argentine.)

– «*No hay una ciudad con ese nombre en Argentina.*» (Il n'y a pas de ville avec ce nom en Argentine.)

Pardon? Je feuillette rapidement mon guide et il y a bien une ville importante avec aéroport nommée Río Gallegos sur ma carte. Je la pointe à la belle préposée.

– «*Aaaah! ¡Río Ga-tché-gos! ¡Sólo tenías que decirlo!*» (Aaaah! Río Ga-tché-gos! Fallait le dire!)

Je me suis soudain souvenu qu'il y avait des différences marquées entre la prononciation de certains mots espagnols et ceux des habitants de la Río de la Plata, une zone qui englobe entre autres Buenos Aires et Montevideo, la capitale de l'Uruguay. La plus importante est certes le double «l» qui sonne comme un «tch», employé à toutes les sauces, et non comme un «ye». Pas pour rien que les Sud-Américains aient surnommé l'Argentin Ernesto Guevara le «Tché»!

Je me penche donc vers ma divine hôtesse pour lui murmurer à l'oreille:

– «*Cogeré un bípede sobre su Derrí Air.*»

Je reçois presto coup sur coup deux violentes claques au visage! Bordel de merde! Encore tout étourdi par le malentendu, sans compter la fatigue cumulée due aux longues heures de vol, j'avais employé le verbe «*coger*» au lieu de «*tomar*» qui n'a pas ici la signification de «prendre», mais qui réfère plutôt à une connotation sexuelle. Devant ce fait et mes mots mal choisis, j'avoue que «*Cogeré un bípede sobre su Derrí Air*» (Je prendrai un bipède sur votre Derrí Air) revêt un tout autre sens que «*Tomaré un billete sobre Derrí Air*» (Je prendrai un billet sur Derrí Air). Bravo Jadrino! Braaavo!

J'arrive à Río Gallegos avec deux formes de mains rougeâtres encore imprimées au visage. Je prends aussitôt un bus vers El Chaltén, mon «village-tremplin» vers les monts Fitzroy. Les paysages du premier tronçon sont fort intéressants, car parsemés de vallées semi-désertiques, de collines et de moutons qui laissent ultimement place à des sommets enneigés et des lacs au bleu électrisant. Je trépigne non seulement d'impatience d'arriver à destination, mais aussi vu cette température plus que fraîche prévalant dans cette région. Le deuxième segment du trajet est un peu moins confortable, car sur une route caillouteuse et compte tenu du fait que nous avons rescapé les passagers d'un bus en panne.

Arrivé à bon port, je transfère mes pénates dans un minibus pour me grimper au début du sentier à un point nommé El Pilar. J'entreprends ma marche et les coups d'œil sont de plus en plus saisissants au fur et à mesure que j'avance sur le chemin. Des pics de neige apparaissent lentement au-dessus de la cime des arbres pour dominer le ciel.

Moins de deux heures après mon départ, j'atteins déjà le camp de base Poincenot. J'y suis accueilli par le cri d'un gros *caracara*, une espèce de vautour au bec gris et orangé. Mon barda lancé dans ma tente maintenant montée, je m'en vais zieuter le décor. Une fois sorti de cette forêt d'arbres tordus, le spectacle est époustouflant. Un glacier se tient maintenant à la base de ces géants de roc. Le bruit de l'écoulement des eaux d'un ruisseau agrémente la sensation de liberté.

Subjugué par tant de beauté, j'en oublie quasi de préparer mon repas. Mon estomac est toutefois là pour me le rappeler: vite, sortons casseroles et chaudrons. Je me fais réchauffer un bouillon de bœuf auquel j'ajoute des petites pâtes. J'accompagne mon liquide chaud d'un énorme salami. Sur ce, bonne nuit et… burp!

Je tournicoterai dans mon sac de couchage jusqu'aux petites heures du matin. Non seulement mon saucisson était-il archisalé, mais je crois qu'il n'était plus très frais. Je suis dès lors en proie à une métamorphose que j'ai surnommée le «tableau périodique», car rempli de gaz et de liquides. Je dois me lever aux demi-heures pour aller me vider derrière un tronc. Mes diarrhées sont à ce point carabinées que je manque rapidement de papier hygiénique. J'espère seulement que je n'aurai pas trop d'histoires à raconter dans ce périple, car, pour pallier l'inconvénient, je déchire quelques pages de mon carnet de voyage!

Dans la même veine, je dois fréquemment aller remplir mes gourdes à la source. Tout en me dandinant près de la rigole, je trouve les lueurs de la nuit fort particulières. Je soulève ma tête et, ouf!, je n'en crois pas mes yeux! Une féerie de milliers d'étoiles scintillantes tapisse le ciel!

❋

Vu ma nuit de sommeil atroce, je dois me remuer le derrière pour me tirer du lit. Je flâne plus d'une heure après l'alarme du réveille-matin. Je pars donc vers les 6 h 45 en direction du Lago de los Tres, un petit lac satif (pourvu que ce ne soit pas un petit laxatif!) qui prend racine dans les glaciers. Je file seul sur le sentier en pente alors que le soleil levant projette des teintes rosées sur les flancs des montagnes. Bonne grimpette jusqu'au but… ma-jes-tu-eux (bien que nu-a-geux)! Ce petit plan d'eau où se reflètent les sommets enneigés est un véritable havre de paix.

Bon, il est grand temps de retourner au campement avant que les randonneurs du dimanche n'arrivent ou que mes selles liquides ne se remettent de la partie. J'avais beau avoir apporté du ruban adhésif de type *Duct Tape*, il n'y a pas de chances à prendre!

Je bouffe un peu de solide, soit du pain sec et du riz blanc, pour me boucher les intestins et me donner des forces pour la descente finale jusqu'au village. Je ramasse mes affaires en les bourrant dans mon gros sac tout en prenant bien soin de mettre sur le dessus de la pile quelques pages de mon carnet de voyage. On ne sait jamais!

Le chemin du retour se déroule bien, je descends à rythme modéré ou, en d'autres mots, sans malaises pressants. Au village, je me déniche une chambre tout confort à prix raisonnable, question de récupérer un peu de sommeil. Un peu? Je me réveille et regarde ma montre. Ou-la-la, elle affiche 19 heures!

On peut maintenant biffer « repos » sur la liste. Ne reste plus qu'à remettre des aliments sains dans le bedon. Je pars vitement de l'auberge, oubliant mes lunettes sur la table de chevet. Bah! Je m'en vais seulement au restaurant, pas besoin de lorgnons! Je vois un panneau au loin où est inscrit « *Él comería* » (Il mangerait). Drôle de sobriquet pour un resto, mais comme je suis affamé, allons y jeter un œil.

J'entre dans la bicoque de bois et je m'assois sur un tabouret au comptoir. Un serveur en salopette grise tachée arrive dans la pièce:

– «¿*Puedo ayudarle señor?*» (Je peux vous aider, monsieur?)

– «*Si, quiero a comer.*» (Oui, je veux à manger.)

– «*Pero no hay nada para comer aquí señor, usted es...*» (Mais il n'y a rien à manger ici monsieur, vous êtes...)

– «*Teuh, teuh, teuh,* l'interrompis-je brusquement. *¡Déme cualquier cosa, tengo mucha hambre!*» (Donnez-moi n'importe quoi, j'ai beaucoup faim!)

Le bonhomme part en rouspétant. Il revient après de longs moments avec un énorme plateau. Il le dépose devant moi et ça pue le caoutchouc brûlé à plein nez.

– «¿*Pero qué es esto?*» (Mais qu'est-ce que c'est que ça?), lui demandai-je insulté.

– «*Un neumático señor. ¡Yo intentaba decirle antes que está en una gomeria!*» (Un pneu monsieur. Je tentais de vous dire plus tôt que vous étiez dans un magasin de pneus!)

Honteux, je passe à l'hôtel chercher mes verres. Je me pointe cette fois dans un vrai resto où les crânes de bêtes à cornes tiennent l'affiche sur les murs. Comme il est encore tôt dans les standards argentins, je suis seul dans la pièce où traînent quelques tables de bois. Je me commande un *provoleta* (fromage cuit au gril) comme entrée, un *bife de chorizo* (un bifteck de haut de surlonge) comme plat principal et un gâteau au *dulce de leche* (caramel) comme dessert, sans oublier le vin rouge.

Mon serveur arrive d'abord avec la meule entière de fromage et une huche à pain surabondante. La nourriture commence déjà à me sortir par les oreilles quand deux serveurs apportent la pièce de résistance. Sapristi! Ce n'est pas un steak ça, c'est le bœuf au grand complet! L'assiette surdimensionnée déborde de viande et de patates inondées de *chimichurri*, une vinaigrette à base de persil, d'ail et de piment rouge. Une chance qu'il y a le litre de vin rouge pour faire descendre tout ça! Je gis amorphe sur ma chaise quand je vois approcher un gâteau couvert de caramel qui doit bien faire la taille du Colisée de Rome. Je ne peux m'empêcher de lécher le *leche*, mais, stop, arrêtez, *para*, c'est f-i-fi-n-i-ni! Je ne veux même pas voir le petit bonbon à la menthe!

Finalement, j'aurais pu laisser mes lunettes à l'hôtel, me dis-je en roulant jusqu'au gîte. J'entre d'un pas lourd dans le vestibule et je me traîne de peine et de misère jusqu'à ma chambre. Je m'arrête dans le corridor devant un miroir et j'observe mon corps boursouflé par toute cette boustifaille. Je dois bien avoir pris cinq kilos! Une fois de plus, il ne reste qu'à dire bonne nuit et, cette fois, triple burp!

Je me tape encore une longue nuit de sommeil. Bah! À quoi bon se presser, mon bus de retour n'est qu'en fin d'après-midi. Une fois l'heure venue, le car s'arrête à mi-chemin à une fermette pour une pause toilettes. Ce n'est plus mon problème, car j'ai délibérément bouché mes tuyaux. Ces précautions constipantes me permettront d'admirer longuement ce superbe coucher de soleil, le ciel passant tour à tour du bleu au rose à l'orangé.

❋

Je débarque cette fois à El Calafate. Comme ce bled se veut la porte d'entrée pour se rendre au fabuleux glacier *Perito Moreno*, il est envahi de groupes de touristes. Qui plus est, brrrrr! Ce n'est vraiment pas chaud ici! Je me trouve une petite auberge sympathique où je m'emmitoufle dans des couvertures pour le reste de la soirée.

Je me lève tôt et les rues fourmillent déjà d'étrangers. Puisqu'il me reste quelques heures avant le départ du minibus qui m'amènera aux champs de glace, je m'enfuis des rues achalandées pour me réfugier dans les steppes au bord du lac *Argentino*.

Le petit véhicule vient à peine d'entamer sa route que je suis déjà envoûté par ces panoramas grandioses. Des terres mixant en totalité la palette d'ocre se tiennent devant le lac avec en fond d'écran des montagnes enneigées. Plus le bus avance, plus l'*Argentino*, le plus grand lac du pays, domine la vue. Soudain apparaît le géant de glace. Un immense bloc aux reflets bleutés variant selon l'humeur du soleil. À jeter par terre!

Le terminus se veut le quai du plan d'eau. Un bateau nous y attend pour nous mener encore plus près du glacier. Plus l'embarcation approche du congélateur naturel, plus ma mâchoire se décroche d'admiration devant tant de splendeur. Il faut dire que je ne vois pas tous les jours un mur de glace d'une cinquantaine de mètres de hauteur qui s'étend sur quelque 35 kilomètres! Tout à coup, crrrrrack! Un gigantesque pan se détache de la façade et va se fracasser d'un bruit infernal dans le lac. Il révèle une glace d'un bleu si pur qu'elle semble venir tout droit de la planète de Superman!

Pendant que la majorité des passagers préfère continuer la visite du haut des passerelles de bois, j'opte plutôt pour enfiler des crampons afin de monter sur ce sympathique Goliath. Je pousse l'aventure jusqu'à la limite du danger afin de m'imprégner pleinement de ce sentiment unique. Je reste figé d'extase jusqu'à ce que le guide me siffle de redescendre de mon perchoir. Il m'attend avec un verre de whisky servi sur glace (je me demande où il l'a prise!) et du chocolat. À ta santé *Perito Moreno*!

Je reviens sur terre, et ce, dans tous les sens du mot, car je dois marcher quelques kilomètres avec mon gros sac jusqu'à un bois où se trouve un terrain de camping abandonné. Les lieux sont quasi déserts avec seuls une cabane barricadée et des foyers en béton pour témoigner du passé. Une fois le campement érigé, je vais m'asseoir au bord du lac pour grignoter ma maigre pitance, soit des petits pains secs et un pot de marmelade aux abricots. Trois renards et des oiseaux de proie me guettent au cas où j'échapperais une miette ou deux. Le froid écourte toutefois mon repas et je vais m'abriter dans ma tente. Je m'enfouis dans mon sac de couchage et je m'endors rapidement, la tête remplie de souvenirs.

L'obscurité est totale. Seul le bout de mon nez sort de mon enveloppe thermique. Je suis plongé dans un sommeil profond quand, paf!, d'éblouissantes lumières sont pointées sur mon abri. Je me réveille en panique pour m'emparer des rares moyens de protection que j'ai à ma portée: un canif, une paire de bottes transformée en fléau d'armes et deux petits pains devenus durs comme fer en guise de projectiles. Je sors en rugissant de mon repaire de toile pour faire peur à mes ennemis. Je crois finalement que ce sont eux qui ont été les plus effrayés, car ce n'est qu'un jeune couple arrivé tardivement qui tentait de monter sa tente à l'aide des phares de la voiture.

L'air est toujours aussi frais ce matin. Je m'habille de toutes les couches de vêtements en ma possession. J'attrape un bus au passage pour me ramener à El Calafate. Je n'y resterai qu'un instant, soit le temps d'aller aux toilettes et de me procurer un billet en direction du Chili. Je me débarbouille quand, aaaaah!, je me vois le visage dans un miroir. Les reflets des rayons solaires sur le glacier m'avaient donné des airs de mascotte d'un restaurant de homards!

Je monte embarrassé à bord de l'autobus alors que les autres passagers se demandent sûrement quelle sorte de pivoine radioactive vient de prendre siège à leurs côtés. Je me sens dévisagé comme si j'étais un rescapé de Tchernobyl. Penaud, je vais me cacher derrière un journal sur une banquette au fond du véhicule.

Le bus s'arrête aux contrôles douaniers séparant les deux pays. L'agent chilien compare longuement mon passeport et mon faciès.

— «*Me parece un poquito rojo señor.*» (Vous me semblez un petit peu rouge, monsieur.)

— «*Es mi alimentación. ¡En Canadá, comemos muchas remolachas al ketchup!*» (C'est mon alimentation. Au Canada, nous mangeons beaucoup de betteraves au ketchup!)

Ouf! Ma vivacité d'esprit insensée m'a encore sauvé du pétrin!

Je débarque à Puerto Natales, un village côtier ayant sérieusement besoin d'un bon coup de pinceau. Je m'arrête devant une résidence avec une affichette où on peut lire «*Bend at Breakfast*» (Se pencher au petit-déjeuner) au lieu de «*Bed and Breakfast*» (Café-couette). Ça me paraît bien comme endroit, mais j'espère ardemment que les proprios soient nuls en anglais, car, si le panneau dit vrai, je fuis à grandes enjambées par ma fenêtre de chambre avant la bouffe du matin!

Je me réveille sans avoir été dérangé par quiconque ou quoi que ce soit. Après un petit-déjeuner copieux où je suis toutefois resté assis solidement sur ma chaise, je m'en vais au cœur du village vérifier les horaires d'autobus et me procurer un *gorro de lana* (bonnet de laine) car j'ai les oreilles qui sont en train de se transformer en glaçons.

Après m'être coiffé de cette toison de mouton multicolore, je saute dans un bus en direction de l'un des points saillants du voyage, le parc Torres del Paine. Cette aire de conservation se caractérise par ses paysages spectaculaires où convergent montagnes, glaciers, vallées et grands lacs. Qui plus est, la faune est riche et variée avec notamment des guanacos, des lamas en plus grand et au poil ras, des *ñandus*, une espèce d'autruche courte sur pattes, et des petits renards roux.

Mon but est d'y faire le fameux sentier «W», un trek d'environ 75 kilomètres de quatre jours. J'établis d'abord campement au point Las Torres. La première partie du trajet consiste à monter 800 mètres jusqu'à l'observatoire de ces pics de roc. Les premiers pas sont relativement faciles, car il s'agit en fait d'une steppe vallonnée. Le sentier se poursuit par la suite le long de la rivière Ascencio avant de grimper sur une pente abrupte. La destination finale est toutefois fort particulière, car on semble être propulsé sur la lune tellement ces flèches rocheuses grandioses semblent irréelles. Brrrrr! C'est vraiment nuageux et froid ici et je ne vois pas de café à l'horizon servant des chocolats chauds. Redescendons...

Après sept heures de randonnée, je ne suis pas fâché de retrouver ma bonne vieille tente. Je me bourre de glucides complexes et d'aliments énergétiques dont cette portion de 400 grammes de fruits séchés et d'amandes qui m'a coûté... huit dollars américains! Je me demande encore si, dans cette région du monde, ils font sécher leurs fruits individuellement aux sèche-cheveux! M'enfin... Rongé par la fatigue, je m'évanouis dans mon sac de couchage pour la nuit.

❉

Je me lève paresseusement, car le second tronçon du trajet est quasi une promenade dans un pré si je le compare aux autres défis quotidiens. Un peu plus de seize kilomètres sur un terrain relativement plat, pfff!, un jeu d'enfant! Je n'avais toutefois pas calculé les caprices de Dame Nature qui nous souffle aujourd'hui des bourrasques frôlant les 80 kilomètres à l'heure! Dans certains pays, les experts les désigneraient sous le nom d'ouragans.

Ici, les connaisseurs parlent quasi de brises tant ils semblent habitués à ces grands vents. Je dois donc m'arrêter à quelques occasions pour m'ancrer au sol à l'aide de mes bâtons. Mon poids, tant corporel que de chargement, aide visiblement ma cause, car j'aperçois une svelte randonneuse être carrément projetée dans un buisson par Éole !

J'arrive enfin sain et sauf, quoiqu'un peu échevelé, au campement *Italiano*. Ces rafales m'ont grugé énormément d'énergie et il est grand temps de refaire les réserves de liquides et de solides. Je me rends à la rivière qui puise son eau directement des glaciers dans les montagnes. J'ouvre mes bouteilles pour les remplir quand un autre cyclone en fait basculer une dans le courant. Tout va bien, tout va trrrès bien ! Mon emplacement boisé me permet à tout le moins de me cuisiner un riz au thon en conserve sans craindre que mon poisson ne se retrouve au cap Horn !

Je me lève tôt, car cette journée sera certes la plus difficile du groupe avec un 23 kilomètres se terminant par une montée escarpée. Les points de vue sont toutefois si sensationnels que j'en oublie mes douleurs aux épaules, aux jambes et aux pieds. Des lacs d'un bleu lacté font refléter des montagnes où la géologie a dessiné des rayures aux tons grisâtres. Avec des coups d'œil à ce point exceptionnels, je m'arrête un moment pour du coup donner un repos à mes muscles. Je me laisse tomber dans un trou à l'abri du vent quand yyyouuuuuch! J'aurais dû regarder avant de m'asseoir dans… ce bouquet de chardons !

Une fois mes fesses libérées des épines, je reprends ma route. J'arrive vitement à une intersection non loin du lac Pehoe où se trouve un refuge de luxe pour touristes fortunés. Je trouve le contraste aussi déstabilisant que le vent. Ces faux riches se pavanent avec des appareils-photos gigantesques au cou et des vêtements à peine usés qui laissent toujours entrevoir les étiquettes du prix d'achat. Qui plus est, il y a quasi autant de porteurs que de marcheurs pour trimballer les bouteilles d'eau et les collations. Comme si ce n'était pas assez frustrant comme ça, ces vieux guignols s'arrêtent en groupe au bas d'une pente raide pour prendre 36 poses d'un brin d'herbe ! De quoi sacrer quand j'essaie de prendre un élan avec ma charge de 30 kilos sur le dos, grrrrr…

Heureusement, ces autoroutes à richards seront tout de même de courte durée. Je ne peux toutefois en dire autant de ces côtes à pic qui vident mes dernières réserves d'énergie. Les vues spectaculaires sur le glacier Grey me donnent quelques minces regains de vigueur. Je pousse péniblement jusqu'au campement Los Guardas. J'arrive enfin clopin-clopant à mon bivouac. Au diable les sofas, cette parcelle de terre près d'une roche fera bien l'affaire.

Même si j'ai toujours les jambes en compote, je dois me lever pour monter la tente et préparer le repas. Pendant que mes pâtes bouillent sur le réchaud, j'installe mon abri et une corde à linge pour faire sécher mes fringues. J'apporte mon bol de tortellinis au fromage au promontoire qui surplombe le glacier. Revoir ces fabuleuses flèches de glace bleutées me fait oublier mes douleurs musculaires. J'y resterai jusqu'à la tombée de la nuit où le spectacle se poursuit avec la reprise de «La féerie des étoiles».

❄

La descente vers le lac Pehoe est certes bienvenue ce matin. Arrivé presto au quai, je monte à bord d'un catamaran où je retrouve ma bande de saltimbanques à caméras. La traversée est tout de même rapide, mais je ne peux en dire autant du long trajet de bus qui me mène à ma prochaine destination, Punta Arenas. Cet arrêt n'est en fait qu'un point de repos et de transit jusqu'à mon objectif ultime: Ushuaïa, capitale de la Terre de Feu et ville considérée comme étant la plus australe du monde.

Terre de feu mon œil, car l'air est on ne peut plus frisquet dans cette cité située à seulement 1 200 kilomètres de l'Antarctique. Je pourrais d'ailleurs facilement travailler comme météorologue pour *Meteo Argentina* car le temps est sensiblement identique de jour en jour ici, soit nuageux et venteux, avec un mercure oscillant autour de huit degrés. En fait, la région a été baptisée ainsi par l'explorateur portugais Fernand de Magellan car, lors de son expédition de 1520, il observa du feu et de la fumée sur les côtes septentrionales. Bon, finies les leçons d'histoire, je ne suis tout de même pas Hérodote, Numa-Denis Fustel de Coulanges ou Frédéric Hulot bordel!

Même si la ville est jolie, car entourée d'eau et de montagnes, la raison de ma présence dans cette région se veut l'observation des manchots de Magellan qui nichent sur certaines îles du canal Beagle. Je remonte donc à bord d'un autre autobus pour me rendre au quai d'embarquement. Sur la route, le véhicule s'arrête dans un champ aride où se trouvent de drôles d'arbres géants qui poussent à l'horizontale vu la force des vents.

Arrivé à bon port, je prends place à bord d'une petite embarcation. Le capitaine a l'air bourru avec son col roulé bleu marine, sa casquette usée et sa barbe hirsute. Fausse perception toutefois, car il s'empresse de me préparer un *mate* (thé typique sud-américain) bien chaud. Je prends le gobelet de bois et je pose mes lèvres sur la *bombilla*, une longue paille métallique. Ouf! Quel tonique!

Le commandant m'en versera ainsi plusieurs tasses jusqu'à ce que nous arrivions enfin à ces îles enchantées. Ahurissants ces petits palmipèdes par centaines qui ont mis leurs costumes de gala pour ma visite. Certains sont couchés comme des poules, d'autres se grattent le bedon avec leur bec et quelques-uns osent même se dandiner jusqu'à proximité du bateau. Euh! Excusez-moi Capitaine Flam, même si c'est proscrit de débarquer sur les îlots à oiseaux, pourrais-je contourner la règle une petite seconde car toutes vos chopines de *mate* m'ont donné une urgente envie d'aller faire pipi?

Ne voulant déranger mes petits amis, j'enfile un chandail et des pantalons blancs ainsi qu'une cape et un masque noirs. Je débarque tranquillement de la barque et je me mets à me balancer sur mes pattes comme eux jusqu'à un petit bois. Je me dresse devant un arbrisseau tout en tendant le cou pour observer au loin le navire. Merde, je ne sais trop si c'est cette foutue laine de *gorro* qui me pique ainsi, mais je dois me frotter les côtés de la tête à répétition. Soudain, j'entends un concert de cris perçants ressemblant à des sirènes d'ambulances enrhumées. Une file de femelles me prend en cible comme mari! Vite, fuyons en se déhanchant avant que je ne sois obligé de couver un œuf et jeûner pendant quatre mois comme les papas manchots.

Je plonge d'un trait dans le bateau au grand rire du Capitaine Haddock. J'aboutis dans un filet à poissons gluant et empestant la charogne. J'ai à peine le temps de me sortir de ma mauvaise posture que mon matelot rigolo se penche au-dessus pour me demander d'un ton farceur:

– «*¿Quiere un otro mate?*» (Voulez-vous un autre *mate*?)

Après tant de belles aventures, il est temps de rentrer au Québec. Je m'assois à bord d'un avion et je m'assoupis dans mon siège au son de mon lecteur MP3. La superbe pièce *Boy on the Bridge* de Murray Head berce mes oreilles:

> «*What would you do in this boy's place*
> *Move on or compromise?*
> *Freedom of choice is a hell of a burden*
> *Maybe living for kicks is wise?*»

Ouais, que ferais-je à la place de ce garçon, repartir ou faire des compromis? Vrai que la liberté a un prix alors pourquoi ne pas vivre pour le plaisir? J'y pense et je vous reviens là-dessus lors de prochaines aventures...

Sources Mixtes
Groupe de produits issu de forêts bien
gérées et de bois ou fibres recyclés.
www.fsc.org Cert no. SGS-COC-2624
© 1996 Forest Stewardship Council
FSC
79%

Achevé d'imprimer
en février deux mille dix, sur les presses
de l'imprimerie Gauvin, Gatineau, Québec

Pour des références et d'autres splendides photos portant sur ces récits ou sur d'autres pays et régions du monde ou pour obtenir des conseils et écouter les reportages du globe-trotter Jadrino Huot, visitez son site Internet:

[www.indianajad.com]

Les calepins des aventuriers

Récit de voyage

Dans la même collection